도시의 마음

도시의 마음

도시는 어떻게
시민을
환대할 수 있는가

김승수 지음

달로스

일러두기

1. 국립국어원의 권장 표기법을 따랐으나 대화문의 경우 입말을 살렸습니다.

2. 도서명은 『』로, 그 외 시 등의 작품명은 「」로 표기했습니다.

3. 이 책에 실린 인용문은 출판권을 가진 출판사와의 소통을 통해 저작권자의 동의를 얻었습니다. 단, 출간 당시 저작권자를 찾기가 어려워 부득이하게 허가를 받지 못한 작품에 대해서는 추후 저작권이 확인되는 대로 적법한 절차를 진행하겠습니다.

우리가 도시에 '왜?'를 물을 때

25년 넘게 도시 정책이 구현되는 현장에 있었습니다. 국내외의 많은 도시를 마주하고 사람들과 만나면서 도시에 관한 깊은 영감을 받았지요. 만약 누군가 저에게 '그 25년 동안 가장 인상 깊었던 도시의 한 장면을 골라보라'고 한다면, 로마 콜로세움도 파리 에펠탑도 뉴욕 자유의 여신상도 아닙니다. 그 장면은 바로 독일 프라이부르크Freiburg의 놀이터에서 노는 어린 아이들의 모습입니다. 우리나라 도시들이 아이들의 안전을 위해 놀이기구를 플라스틱으로 바꾸고 모래 놀이터를 없애던 시기에 저는 그 장면을 봤습니다.

독일 프라이부르크의 놀이터는 푹신한 바닥에 알록달록 화려한 우리 놀이터에 비하면 볼수록 초라하고 우스웠습니다. 작고 거친 언덕에 미끄럼틀 하나가 덩그러니 놓여 있고 흙과 작은 돌, 모래 무더기로 뒤덮인 자연의 놀이터였지요. 그럼에도 추운 겨울, 마치 흙 목욕을 하듯 신발은 물론 바지와 점퍼가 흙으로 뒤범벅된 채 정신없이 뛰어놀던 아이들과 선생님, 아예 바닥에 드러누워 땅과 하늘, 구름과 찬바람을 가지고 놀던 아이들의 천진하고 밝은 얼굴이 잊히지 않습니다. '이 도시의 아이들은 이렇게 살아가는구나.' 그로부터 벌써 10년이 훌쩍 흘렀는데도 그때 느꼈던 전율이 생생합니다.

프라이부르크의 놀이터는 도시에 관한 저의 통념에 창조적 마찰을 일으켰습니다. 놀이터 하나에서 아이들이 다른 삶을 살 수 있다는 걸 본 것이지요. 놀이터는 도시의 공공장소입니다. 하루는 우연이 될 수 있지만 몇 년이 반복되면 삶의 습관이 됩니다. 한 도시가 플라스틱 놀이터를 만들면 아이들의 삶은 플라스틱에서 노는 삶이 되고, 자연 놀이터를 만들면 자연에서 노는 삶이 되는 것입니다. 도시가 바뀌면 시민들의 삶도 바뀝니다.

25년 동안 봐온 모든 도시는 각기 자기 색깔을 갖고 있었습니다. 많이 달랐습니다. 그 기간 동안 한 가지 큰 배움이 있었습니다. 정책의 차이가 시민들의 삶living의 차이를 만들어낸다는 것입니다. 그리고 삶의 차이가 쌓이면 인생life의 차이를 만들어내지요.

그곳에 저의 고민과 질문이 있었습니다. 많은 공직자가 수도 없이 벤치마킹을 다니는데 우리의 도시 정책에는 왜 큰 변화가 없을까, 같은 정책을 추진하는데 왜 도시마다 결과가 다르게 나타날까, 심지어 한 도시, 한 부서 내에서도 왜 사람이 바뀌면 정책 완성도가 달라지는 걸까……. 저는 오랫동안 그 차이에 천착했습니다.

결론부터 말씀드리면, 그 차이는 시민들을 사랑하고 그 삶을 존중하는 따뜻한 '도시의 마음'에서 온 것이었습니다. 도시가 가진 마음의 차이가 정책의 결을 결정하고, 그 결은 도시와 시민들의 삶의 변화를 만들어냅니다. 그리고 도시의 마음을 담는 방식이 바로 관점과 안목이지요. '관점과 안목'은 설사 과정에는 고통이 따르더라도 결국은 기쁨을 안고 본질에 다가설 수 있는 힘을 줍니다. 좋은 도시는 따뜻한 마음을 품은 관점과 안목을 통해 만들어집니다. '마음에 새기다', '마음을 잡다', '마음에 들다', '마음에서 나가다', '마음을 내려놓다' 등의 말은 일상에서 흔히 쓰이곤 합니다. 이런 표현들을 살펴보면, 우리가 어떤 판단을 내릴 때 '마음'이 얼마나 중요한 근거가 되는지 쉽게 알 수 있습니다. 마음은 우리의 삶을 공기처럼 가득 채우고 있습니다.

사물은 스스로 마음을 담을 수 없지만 그 사물에 누군가의 마음이 담기면, 사물은 울림을 갖습니다. 누군가가 선물하거나 무언가를 기념하는 사물은 유독 애틋하듯이 말입니다. 도시라는 거대한 사물도 마찬가지입니다. 도시에 마음을 담으면 시민들에게 반향이 일어나고, 그 반향은 도시와 사람을 동시에 변화시킵니다. 이 공명이야말로 도시가 살아 있다는 증거입니다.

삶이 담기는 곳에는 마음도 담겨야 한다

도시는 사람을 담는 그릇입니다. 삶이 담긴 곳에는 마음도 함께 담겨야 합니다. 아이들의 놀이터에 최첨단의 디지털 기술도 얼마든지 접목할 수 있고, 세상에서 가장 안전한 놀이터를 만들 수도 있습니다. 그러나 '놀이터를 왜 만드는가', '아이들은 왜 놀이터에서 놀아야 하는가'를 묻는다면 도시의 '방향'이 달라집니다. 도시가 '왜'라는 질문을 놓치면 마음을 잃어버립니다. 그저 한 번 '왜'라고 묻는 것과 처음부터 끝까지 한결같이 '왜'를 묻는 것, 도시의 차이는 거기서 생겨납니다. 이는 나아가 시민들의 삶에도 차이를 만들어냅니다.

결국 '도시의 마음'은 도시를 움직이는 근원적인 힘입니다. 그러나 대부분의 도시는 도로나 건물 등 물리적 구조에만 관심을 가질 뿐, 마음에는 관심을 두지 않습니다. 도시의 성과를 드러내는 각종 자료들은 차고 넘쳐도 그 틈에서 도시의 마음을 찾을 수는 없습니다. 하지만 마음은 법률이나 제도, 규정보다 더 강한 생명력을 가집니다. 도시에 더 크고 더 비싼 공간이 없어서 우리가 불행한 것이 아닙니다. 더 크고 더 비싼 시설이 행복한 삶의 조건이 되는 것도 아니지요. '도시의 마음'이 도시를 의미 있게 움직이는 하나의 실체라는 걸 인식할 때 진정한 변화가 찾아옵니다. 아무리 작은 공간이나 장소라도 마음이 담기면 밀도가 달라집니다.

이 책은 '인간적인 도시'의 바탕이 되는 도시의 마음에 관한 기록입니다. 전주의 도서관은 '책이 삶이 되는 책의 도시 전주'의 핵심적인 공공장소입니다. 책의 도시 전주가 아직 정점에 오르지는 않았습니다. 이제 싹을 틔우고, 성실하고 즐겁게 살아가는 중이지요. 그렇게 책의 도시를 추진하면서 직원들과 시민들을 깊게 관찰할 수 있었습니다. 그 과정에서 도시에 마음이 담기면 어떤 울림이 있는지, 마음이 담긴 도시에서는 서사가 어떻게 깊어지는지 체감할 수 있었습니다. 이 책을 통해 그 작은 관찰의 경험을 공유하고자 합니다.

이 책에서 계속 호명되는 '우리'라는 주어는 우선 도시라는 삶의 장소를 위해 일하는, 또 일하고 싶은 공직자나 시민들, 더 나은 삶과 도시를 위해 활동하고 있는 도시 활동가들, 도시를 공부하는 학생들 모두가 될 것입니다. 이에 더해 일반 시민들도 '우리'가 된다면 좋겠습니다. 삶의 변화가 필요하다면 왜 도시에 관심을 가져야 하는지, 일반 시민들에게도 이야기하고 싶었습니다. 결국 좋은 도시란 '모두의 도시'이기 때문입니다.

물론 도시의 마음은 도서관처럼 물리적 실체를 가진 장소에만 담을 수 있는 것은 아닙니다. 환경이나 복지, 교육, 경제 등등 시민들의 삶과 연결되는 모든 정책의 본질에 마음이 자리 잡고 있지요. 또한 굳이 공공정책이 아니더라도 우리 사회의 많은 분야에서 세상을 이롭게 하는 관점과 안목을 가진 분들을 만날 수 있습니다. 어느 분야든 업무 매뉴얼만으로는 도시를 변화시킬 수 없습니다. 한 도시가 마음을 '변화의 실체'로 받아들일 때 시민들의 삶에도 변화가 찾아옵니다. 그리고 마음을 담는 것은 '나'로부터 시작됩니다. 즉, 나부터 변화해야 도시에 마음을 담아낼 수 있다는 것입니다.

이 책의 소재는 책과 도서관이지만, 궁극적으로 전하고자 하는 것은 '도시가 어떤 방식으로 시민들의 삶에 닿아야 하는가', '어떤 시선으로 도시를 바라볼 것인가'에 관한 관점과 안목의 성찰입니다. 도시는 우리의 삶을 우려냅니다. 그러면 어느덧 우리의 삶에 도시가 배어납니다. 모두가 '우리'가 되어 도시에 관심을 가지고 도시를 사랑해야 하는 이유입니다. 나의 삶이 소중하다면 말입니다.

이 책은 책이 쓴 책입니다

고백하건대, 책을 쓰는 내내 '쓸 수 있는가?'를 놓고 몇 번이나 멈춰 섰습니다.

> 서사, 즉 이야기에 내재해 있는 전승적 지식은, 정보와는 완전히 다른 시공간적 구조로 되어 있다. (중략) 정보와 달리 지식은 그 순간을 넘어서 앞으로 다가올 것과도 연결되는 시간적 폭이 있다. 그래서 지식은 이야기로 가득하다. 지식 안에는 서사적 진폭이 내재해 있다.
>
> — 한병철, 『서사의 위기』(다산초당)

무엇이라도 써보려고 서재에 쌓인 책을 읽다가 한병철 교수의 통찰을 만났습니다. 펼친 책 앞에서 순간 마음이 멎었습니다. 이 책을 읽는 내내 제가 읽혔지요. 여길 넘어야 하는데, 발걸음을 떼지 못하고 결국 질문을 안았습니다.

'나는 책을 쓸 정보를 쌓아놓고 있는가, 아니면 서사를 품고 있는가.'

돌아보니 저는 늘 정보 더미에 파묻혀 있었습니다. 일의 현장은 늘 최신 정보를 필요로 한다고 단언하며 말입니다. 바쁘고 치열하게 살았다고 위안도 했습니다. 그러나 언젠가 한 번쯤은 마주칠 거라고 미뤄두었던, 껄끄러운 질문을 맞닥뜨린 것입니다.

긴 시간 많은 일을 했다고 생각했는데 지금 남은 여운도, 앞으로 이어질 여운도 많지 않았습니다. 내재된 서사가 없어서였지요. 책을 쓰기 전에는 함께 나눌 만한 이야기가 넘칠 거라고 생각했는데, 오만했습니다. 몇 가지 이야기를 추려내니 지나온 시간이 앙상하기만 했습니다. 저는 몇 개월 동안 글쓰기를 그만두고 침잠했습니다. '우리는 생각하는 습관보다 살아가는 습관을 먼저 배워서 익힌다'라는 카뮈의 말처럼 '생각하는 습관'을 게을리한 탓일 테지요. 생각하는 습관과 살아가는 습관의 균형을 잡지 못하고 살아가는 습관, 기계적 습관이 몸에 밴 것입니다.

서사는 새겨지지만 정보는 휘발됩니다. 서사는 마음에 담기지만 정보는 손가락 끝에서 사라집니다. '쓸 수 있는가?'라는 물음 앞에서 제 마음을 다잡아준 것은 파커 J. 파머의 한 문장이었습니다. 그는 『비통한 자들을 위한 정치학』에서 이렇게 말합니다.

"경험이 세상을 보는 눈을 바꿀 수 있지만 그 반대도 마찬가지다. 세상을 보는 눈이 경험의 의미를 바꿀 수 있는 것이다."

'세상을 보는 눈을 바꿀 수 있는 경험'이야말로, 또 '경험의 의미를 바꿀 수 있는, 세상을 보는 눈'이야말로 전승적 지식입니다. 멀리서 와서 멀리 가지요. 정보는 현재를 살지만 서사는 과거, 현재, 미래를 동시에 삽니다. 파머의 문장을 통해 이윽고 제 글이 향해야 할 곳을 깨달았습니다. 이미 지나간 경험을 바꿀 수는 없을 것입니다. 그러나 생각하는 습관을 통해 세상을 보는 눈이 새로워질 수는 있습니다. 세상을 보는 눈이 새로워지면 이미 갖고 있는 경험도 새로운 의미로 되살아나고요. 세상을 새롭게 바라본다는 것은 곧 '어떻게 살 것인가'에 관한 성찰이었습니다.

'어떻게 쓸 것인가'에서 '어떻게 살 것인가'로 물음이 옮겨가니 자연스레 책에 손이 갔습니다. 그동안 책을 읽으며 기록해

두었던 문장들로 공부의 감각을 조금씩 되찾았습니다. 문장이 나온 책을 다시 찾아 읽고, 없어진 책들은 새로 구입해 읽었습니다. 생각이 담백해지니 '왜 써야 하는가'에 마음이 열리고, 쓸 것들도 모습을 드러냈습니다.

한 분야의 깊은 독서를 통해 많은 걸 이룬 분들에 비하면 저의 사유는 한없이 낮고 얕습니다. 대중없이 잡히는 대로 책을 읽은 탓이지요. 읽은 책이 서재에서 눈에 띌 때만 겨우 눈이 맑아집니다. 저는 아직 제 눈으로 세상을 보지 못하기에 늘 책으로부터 세상을 보는 눈을 빌리곤 합니다. 보는 눈이 달라지니 보이는 것도 달라집니다. 누군가에게 보여주고 싶은 좋은 경험만이 우리를 앞으로 나아가게 하는 것은 아닙니다.

> 비평적 실천이 지혜에 이르는 길은 오직 한 가지다. 그것은,
> 자신의 한 발은 과거의 어리석음을 밟고, 나머지 한(反)
> 발로써 미래를 향해 몸을 끄-을-고 나가는 것이니, 오직
> '밟고-끌고踏-顚'가 있을 뿐이다.
>
> — 김영민, 『자본과 영혼』(글항아리)

철학자 김영민은 이렇게 적었습니다. 이 책은 그렇게 '밟고-끌고'의 연속으로 쓰였습니다. 작은 성취의 경험과 도시에 관

한 제 어리석음의 자취를, 새로운 시선으로 번갈아 보며 쓴 것이지요.

그럼 이제 도시의 마음을 찾아 여러분과 함께 여행을 떠납니다. 그리고 이 책을 다 읽은 후에, 우리의 도시에 '왜'라는 질문을 품기를 소망합니다.

김승수

차 례

PART 1

도시의 의미

당신에게 도시는
어떤 의미인가요?

PART 2

도시의 역할

도시가 책과 함께

사유할 수 있다면

PART 3

도시의 마음

우리가 지은 것은

도서관이 아닙니다

PART 4

도시의 확장

**도시의
경험적 확장이
삶의 확장입니다**

PART 5

도시의 미래

새로운 세상에는 새로운 종류의 인간이 필요하다

에필로그

참고문헌

도
시
의
의
미

당신에게 도시는
어떤 의미인가요?

존재하지만 부재한 우리의 도시

: 정원문화도서관

7월의 무더운 여름날, 직원들에게 줄 수박 주스와 아이스티를 손에 들고 전주시 정원문화도서관에 갔습니다. 정원문화도서관에 갈 때면 언제나 그랬듯, 그날도 한 아버지의 모습이 떠올랐습니다.

몇 년 전에 제 딸아이가 손녀를 낳다가 세상을 떠났어요. 높은 아파트에 살던 저는 매일 정말이지 위험한 생각이 들었습니다. 모든 게 무너져 내렸어요. 어떻게 살아야 할지 아무 정신을 못 차리다가 친구들이 막무가내로 서둘러줘서 도시 외곽 주택으로 이사를 했지요. 전에는 꽃을 전혀 몰랐어요. 마당이 있어 꽃과 나무를 심기 시작했는데, 이름도 모르고 심은 꽃들이 풍성해지고 또 종류도 많아졌습니다. 그러던 어느 봄날, 바람에 흔들리던 예쁜 꽃들이 저에게 말을 거는 겁니다. '아빠!' 마치 제 딸처럼 보이는 거예요, 그 꽃들이. 꽃들하고 대화를 하는데 꼭 우리 딸하고 이야기하는 것 같아요. 꽃들을 보면서 조금씩 평안을 찾고 마음도 치유가 되었습니다. 좀 살게 됐지요. 지금도 이렇게 꽃들하고 매일 대화를 해요. 그렇게 다 예뻐 보여요. 이 정원 때문에 삽니다. 아니 정원이라고 하기엔 부끄럽고

그냥 텃밭, 꽃밭이지요. 정원 이름이 유포리아입니다. '행복.'
그런데요, 저희 집 앞에 고물상이 하나 있는데 이 세상에서
제일 깨끗한 고물상이에요. 처음 집을 지을 때 그 고물상과
맞닿은 곳에 벽을 둘렀는데, 어느 날 그 벽이 하도 답답해
보이고 고물상에 계신 분들도 이 꽃을 보면 좋겠다는 생각이
들어서 별안간 담을 허물어버렸어요. 근데 그 고물상 주인이
우리 집으로 오신 거예요. 혹시 우리 고물상이 너무 더럽고
시끄러워서 화나서 그러신 거냐고, 이렇게 예쁜 꽃밭을
가꾸며 사시는데 저희가 고물을 이렇게 쌓여놓아서 너무
죄송하다고 하시더라고요. 그래서 아니라고, 그게 아니고
고물상에서도 이 꽃들 보면서 함께 살자고 했더니 그때부터
고물상을 깨끗하게 다 정리하고 치우시는 거예요. 최고로
재미있는 거는, 언젠가부터 그 고물상도 우리 꽃밭 쪽으로
꽃도 심고 고추랑 가지를 심더라고요. 또 동네 사람들이
오며 가며 꽃 예쁘다고 우리 집으로 들어와요. 어디서
구했냐고 물어보고. 그럼 제가 '예뻐요? 그럼 하나 드릴까요?'
하면서 퍼주고. 꽃삽으로 하나 퍼주면 되니까요. 그러면
꽃은 푼 자리에서 또 나요. 사람들이 그냥 감사해해요.
고맙다고 어쩔 땐 감자도 갖다 주고. 제가 나눠준 꽃이 다른

집에서 꽃을 피우고. 그렇게 동네가 달라지고 있어요. 저희

집 꽃 덕분에.

아버지는 그날 전주시로부터 상을 받았습니다. 잘 가꿔진
시민의 정원을 발굴해 시상을 하는데 유포리아가 선정된 것이
었습니다. 십여 명 남짓이 제 사무실 탁자에 둘러앉아 아버지
의 이야기를 들었습니다. 아버지는 우리에게 상실과 아픔, 치
유와 회복에 관한 이야기를 들려주셨습니다. 모두 고개를 떨
궜지만, 아버지는 밝은 표정으로 오히려 고맙다고 하셨습니
다. 아버지는 이 상이 정원을 가꾸며 살아갈 또 하나의 계기가
되었다며 고마움을 표하고 가셨습니다.

아버지와의 만남은 저에게는 '사건'이 되었습니다. 그 만남
의 시간 동안 도시의 부재가 강렬하게 다가왔습니다. 우리의
도시는 어디에 있어야 하는가. 도로가 무너지면 도시가 달려
가는데, 시민들의 마음이 무너지면 대체 누가 달려가는가. 아
버지 곁에 정원과 자연이 있을 때 도시는 없었습니다. 도시는
하지 못하는 위로를 정원이 해내고 있었습니다.

슬픔은 사람을 고립시킨다. 경험이 다른 사람과 공유될

때도 마찬가지다. 가족에게 상실이 닥치면 서로 의지하지만, 그러면서도 각자가 상실감에 혼란스러워한다. 서로가 거친 감정에 다치지 않도록 보호하려는 마음이 있어서, 감정이 폭발할 때는 다른 사람들을 피하려고도 한다. 반면 나무, 물, 돌, 하늘은 인간의 감정에 무감각하지만, 우리를 거절하지 않는다. 그리고 자연은 우리 감정에 흔들리지 않는다. 그렇게 전염되지 않는 특징 덕분에 상실로 인한 외로움을 달래주는 일종의 위안이 된다.

— 수 스튜어트 스미스, 『정원의 쓸모』(월북)

『정원의 쓸모』라는 책에서 저자 수 스튜어트 스미스는 이렇게 적고 있습니다. 인간은 말로, 혹은 표정으로 누군가를 위로합니다. 그러나 말은 단어의 한계를, 표정은 얼굴 근육의 한계를 뛰어넘지 못하지요. 반면 자연은 인간과는 다른 방식으로 누군가의 상실을 치유합니다. 인간의 말과 표정에는 위로하고자 하는 사람의 의도가 담기지만, 자연은 위로받고자 하는 사람의 마음에 그저 묵묵히 교감할 따름입니다. 침묵이 품고 있는 무한한 단어와 표정으로 우리의 감정을 어루만져 주지요. 자연은 있는 모습 그대로, 정원은 자연과 인간이 어우러지게 하면서 상실을 치유하고 회복에 이르게 합니다. 도시가 시민을 기다리지 않을 때 자연은 언제나 시민을 기다립니다.

좋은 도시는 평범한 일상을 지켜준다

아버지를 만나고 '우리 삶에서 정원이 갖는 가치'를 재확인할 수 있었습니다. 그날 이후 당시 진행 중이던 정원센터와 정원문화도서관 재생 사업이 더 소중하게 다가왔습니다. 마침 전주시는 인적이 드물고 후미진 공원을 재생하던 중이었습니다. 그곳이 부디 시민들의 삶으로부터 멀어지지 않길 바랐습니다. 정원과 책이 시민들의 마음을 돌보고 가꾸는, '마음의 인프라'가 되길 소망했습니다.

도시의 인프라, 즉 도시의 기반 시설인 도로, 상하수도, 전기, 가스, 통신, 대중교통 등은 우리의 일상을 유지시킵니다. '일상의 기반 시설'인 셈이지요. 그래서 기반 시설이 무너지면 도시는 최우선적으로 움직입니다. 도로가 무너지면 임시 교량이 가설되거나 우회로가 만들어지고, 상수도관에 문제가 생기면 급수차가 등장합니다. 전기, 가스, 통신, 대중교통 모두 그렇습니다.

그러나 시민들의 마음이 무너질 때는 도시가 움직이지 않습니다. 상실과 고립감, 외로움과 권태, 헛헛함과 허무함, 박탈감과 좌절감…… 현대인들의 마음은 그 어느 때보다도 움푹 꺼지고 내려앉아 있습니다. 외형적 삶이야 어찌어찌 살아가지만, 보이지 않는 삶의 마음에는 곳곳에 생채기가 남습니다.

보이지 않는 것들은, 보이지 않기에 알아차리기도 어렵습니다. 도시 외관의 균열이야 쉽게 눈에 띄니 금세 고쳐지지만, 시민들의 마음속 균열은 늘 숨겨진 채로 일상을 조금씩 좀먹습니다. 시민들의 일상은 물리적 도시 기반 시설 위에서만 이루어지지 않습니다.

도시는 고도로 도시화되는데 정작 시민들의 삶에서는 도시의 부재가 더 공고해집니다. 도시화 자체는 문제가 아닙니다. 문제는 우리가 도시의 부재를 눈치채지 못한다는 점입니다. 그리고 도시의 부재를 느끼지도 못할 만큼 애초에 도시에 대한 기대가 없다는 것 역시 문제이지요. '유포리아' 아버지의 이야기는 우리에게 '도시란 무엇인가'를 성찰하게 합니다.

도시의 가치는 시민들의 평범한 삶을 지키는 데 있습니다. 평범한 삶은 거저 얻어지는 게 아닙니다. 균열 없는 일상이 응

좋은 도시는 언제나 시민들을 기다립니다. 기다림은 마음이 없으면 못하는 것이지요. 여기 있는 도서관이나 식물원, 정원은 기다림의 방식 중 하나입니다.

축되어 평범해지고, 그렇게 삶의 균형이 내재화될 때에야 우리는 비로소 평범한 삶을 살 수 있습니다. 그것이 '그 사람다움'입니다. 일상이 무너져 삶의 균형이 깨지면 '답지 않게' 됩니다. 나를 잃어버립니다. 도시의 기본은 평범한 삶을 비범한 삶으로 도약시키는 데 있지 않습니다. 오히려 일상을 지켜서 평범에 이르게 하는 도시가 좋은 도시입니다.

가게 앞 가로수 한 그루

'당신을 둘러싼 모든 문제는 당신이 하기에 달려 있다. 행복도 불행도 다 생각하기 나름이다.'

요즘 서점가에서 잘 팔리는 책들을 보면 공통된 주제 의식이 확연합니다. 지금 이 글을 쓰고 있는 제 서재를 둘러봐도 마찬가지입니다. 많은 책이 나를 둘러싼 문제의 원인으로 나를 지목합니다. 실제로도 대부분의 사람들이 불안과 상처, 불행, 근심, 불만족, 외로움, 무기력, 권태의 원인을 자기 자신에서 찾으려 합니다. 또 그것들의 복합이 짓누르는 삶의 무게를 혼자 온전히 감당하려 하지요. '모든 것은 나 스스로 이겨내야 해.'

사람이란 어쩌면 이토록 착한 존재일까요.

얼마 전 한 지인에게서 전화가 왔습니다. 넉넉한 형편이 아닌지라 이런저런 생계 방편을 고민하는 듯했습니다.

> "시장님, 아주 조그만 가게 하나 얻고 싶은데요. 혹시 좀
> 도와주실 수 있을까요? 가게 앞에 가로수가 한 그루라도
> 보이면 좋을 것 같아요. 요즘은 어디 마음 둘 곳이 없네요.
> 걷다가 연초록 나뭇잎만 봐도 좀 살 것 같습니다. 그래도
> 시장님은 전주 곳곳을 잘 아시니까 뭔가 아이디어가 있을 것
> 같아서요."

안타깝게도 '가로수가 보이면서도 비싸지 않은 가게'를 찾아주지는 못했습니다. 그러나 나무 한 그루를 염원하는 그 마음은 제게 오랫동안 여운으로 남았습니다. 길가에 있는 나무 한 그루도 어느 누군가의 삶에는 이토록 소중하고 간절하게 자리한다는 걸 말입니다.

> 우리가 어떤 도시를 원하는가 하는 문제는 우리가 어떤
> 사람이 되려고 하는가, 사회와 어떤 관계를 맺으려고 하는가,
> 자연과는 어떤 관계를 맺고 싶어 하는가, 어떤 생활양식을

원하는가, 어떤 미학적 가치를 품고 있는가 등의 문제와

떼려야 뗄 수 없는 관계에 있다.

– 데이비드 하비, 『반란의 도시』(에이도스)

　하비의 글을 한 문장으로 요약하면 '사람이 도시를 만들고, 도시가 사람을 만든다'입니다. 그러나 우리는 도시와 우리의 삶이 떼려야 뗄 수 없는 관계라고 인식하지 못합니다. 어쩌면 당연한 일이기도 합니다. 거기에는 몇 가지 이유가 있습니다.

　첫째로 도시의 일은, 또 도시를 만들어간다는 것은 정치권력의 일이라고 생각하기에 그렇습니다. 당장 먹고살기에도 바쁘고 마음의 여유가 없습니다. 잠깐이라도 휴식의 기회가 생긴다면 그동안 미뤄온 일을 해야 하거나 내일을 준비해야 하지요. 그런 이유로 정치인을 뽑았으니 그들이 나 대신 일해주겠거니 하며 도시의 일 같은 것은 전적으로 의지하고 맡겨버립니다.

　둘째로 도시 정책에 개입하거나, 나의 의지가 반영되어 도시가 바뀐 경험을 해본 시민이 거의 없기 때문입니다. 사실 그럴 기회조차 주어지지 않는 경우가 대부분이지요. 설사 참여할 기회가 있더라도 대체로 정책 과정의 일부에 그치고 맙니다. 따라서 의미 있는 경험을 통해 우리가 도시와 연결되었다

는 의식을 갖기는 어렵습니다.

　마지막으로 도시는 우리의 힘을 넘어서는, 우리 이상의 존재처럼 크고 복잡해 보이기 때문입니다. 장대하게 들어선 도시의 빌딩들과 끊임없이 이어지는 자동차들, 거대한 토목공사 등은 소소하게 살아가는 나와 무관해 보입니다. 관여할 수 있는 영역 밖에 있다고 생각하지요. '어떤 도시를 원한다'고 말하는 것은 무용하고 무모해 보이기까지 합니다. 이러한 몇 가지 이유로 우리는 아무런 참여도, 관심도 없이 도시에게 우리의 많은 것을 맡기고 맙니다. 도시는 우리에게 먼 존재입니다.

내 삶을 위한 도시를 만들어갈 용기

　도시가 내 삶의 일부임을, 어쩌면 삶 자체임을 포착하는 것은 쉽지 않습니다. 그러나 도시와 시민은 그저 가로수 단 한 그루만으로도 연결될 수 있습니다. 도시가 누군가에게 가게 한 칸을 얻어줄 수는 없지만, 가로수 한 그루는 정성껏 심어줄 수 있으니까요. 그렇게 도시에 관한 작은 바람들이 하나둘씩 실현되고 도시가 하나의 경험으로 다가올 때, 시민은 도시를 새롭게 정의합니다.

도시가 하나의 경험이 될 때 드디어 도시는 하나의 '장소'가 됩니다. 도시에 장소성이 생기는 것이지요. 장소성이 생긴다는 것은 도시를 객관적인 표피로 인식하는 것이 아니라 도시를 경험하고 해석하는 주관적 방식이 내면화된다는 의미입니다. 도시의 외면만을 지나쳐 다니는 수준을 넘어서, 도시와 시민 사이에 머물 수 있는 유의미한 '관계'가 설정되는 것입니다. 시민이 도시와 연결되어 있고, 또 지지받고 있다고 느낄 때 도시는 비로소 제자리를 찾습니다.

좋은 도시는 아름다운 공원과 미술관, 놀이터와 정원, 도서관과 가로수 같은 공공장소를 통해 시민들의 삶의 무게를 덜어주려 노력합니다. 다양한 공공장소가 시민들의 '마음 둘 곳'이 되어주는 것이지요. 그런 공간들은 각자에게 닥친 힘듦을 나눠 가지면서 시민에게 말을 건넵니다. '우리 도시가 당신의 짐을 반쯤, 혹은 아주 일부라도 대신 짊어지겠습니다.' 그러면서 기운을 내라고 응원하지요. 정서의 사막화 시대에 공공장소는 도시의 오아시스와 같습니다. 최악의 도시는, 힘들어하는 시민에게 '당신을 둘러싼 모든 문제는 각자가 어떻게 하느냐에 달려 있으니 행복도 불행도 다 생각하기 나름'이라고 자신 있게 말하는 도시입니다.

도시가 나의 삶으로 들어오면 도시나 정치를 대하는 우리의 태도도 훨씬 더 적극적으로 바뀝니다. 나의 삶을 위한 도시를 주장할 수 있는 용기가 생겨나지요. 이제 가게 앞 가로수 한 그루를 시민들의 권리로 인식하게 됩니다. 그렇다면 이런 주장도 당당히 할 수 있을 것입니다.

'시장님, 우리 가게 앞에 가로수 한 그루 심어줄 수 있을까요?'

고객만 있고 시민은 없다

많은 학자가 인류 최고의 발명품으로 도시를 꼽습니다. '발명품'이라고 하는 이유는, 도시는 원래 인간이 겪는 문제의 해결책으로써 만들어졌기 때문입니다. 예로부터 도시는 수천 년간 인류의 문제들을 해결해 왔습니다. 안전과 위생, 건강과 복지, 문화와 예술, 산업과 일자리 등 인간이 홀로 이겨낼 수 없는 것들을 해결해 준 절대적 보호막이 바로 도시였지요. 그러나 도시가 두꺼워지고 높이가 올라가면서 그 그림자 또한 짙고 길어지고 말았습니다.

도시가 고도화되면 도시가 지닌 '분리'의 속성 또한 가속화

됩니다. 보통 도시의 물리적 공간은 건물과 도로가 대부분을 차지합니다. 도로는 점점 넓어지고 직선화되면서 마을을 뚫지요. 마을의 분리는 '우리'를 '그들'로 나뉘게 하고, 도로는 도시의 소리를 분리합니다. 친구를 불러도 닿지 않는 거리는 사람들을 멀어지게 하지요. 아름다운 자연의 소리도 도로를 건너지 못합니다. 그렇게 도로는 감각의 또렷함과 선명함을 점차 앗아갑니다.

자연의 숲은 아파트 숲으로 대체되었습니다. 아파트는 안전함과 편안함을 주지만 동시에 익명성을 부추깁니다. 나를 모르는 그들, 신경 쓰고 싶지 않은 그들, 알고 싶지 않은 그들로 구분하지요. 또한 아파트 숲은 바람과 햇빛을 막고 가려 인간과 자연을 분리합니다. 같은 도시에 살아도 모두가 같은 바람, 같은 햇빛을 받을 수 없습니다. 풍경이 달라지고 풍경을 볼 공적 권리도 사라집니다. 이와 같은 도시의 분리는 시민들의 삶이 연결되는 것도 방해합니다. 사람들은 도시로, 도시로 몰리지만 반대로 사람들 간의 관계는 아슬아슬하게 헐거워지고, 급기야 끊어지기 일쑤입니다. 더 많이 모여 사는데도 더 많이 고립되는 것입니다. 자연과 도시성의 조화는 거의 모든 도시에서 찾아볼 수 없습니다. 과도한 도시성은 자연과 인간, 인간과 인간의 관계성을 파괴합니다. 인간의 문제를 해결하기 위해 만들어진 도시가 이제는 오히려 도시성으로 시민의 삶을 위협하고 있습니다. 도시의 역설이지요.

도시의 가장 심각한 역설 중 하나는 '고객'과 '시민'의 불균형입니다. 이미 기원전 수천 년경 도시는 우리의 필요에 따라 생활의 일부로 만들어졌습니다. 그때의 도시는 우리의 생활을 확장하는 수단으로, 도구적 성격을 띠었지요. 도시 자체가 우리의 이웃이었던 것입니다. 그러나 이제는 그러한 도시의 의미가 퇴색되고 말았습니다. 더 이상 도시를 통제할 수 없습니다. '사람이 만드는' 도시가 아니기 때문입니다. '휴먼스케일 도시'의 종말입니다.

자본이 만들어가는 도시

휴먼스케일 도시란 '인간이 주도하는 삶의 터전'으로서의 도시를 말합니다. 단순히 거대한 건물과 인간의 비례를 뜻하는 것이 아니지요. 하지만 이제는 '자본'이 도시를 만들어갑니다. 자본의 규모와 욕망의 크기가 곧 도시의 크기가 되었습니다. 지금의 도시는 자본이 도시를 통해 인간을 통제하는 '자본스케일 도시'입니다. 자본스케일 도시에서는 도시의 주도성이 시민이 아닌 자본에 있습니다. 자본의 본성은 '시민'보다는 '고객'을 향합니다. 고객은 어디서나 환영받지만, 시민은 환대받을 곳을 찾기가 어려워졌습니다.

관공서와 주거 공간을 제외하면 도시에 있는 건물 대부분은 상업 시설입니다. 상업 시설에서는 '재화와 서비스를 구매하려는 자'만이 반가운 고객입니다. 오늘도, 내일도 무엇이든 구매할 생각이 없어 보이는 고객을 즐겁게 맞이할 자본은 없습니다. 시민이라는 정치적 인정은 분명 고객보다 우위에 있는데, 자본이 만든 도시에서는 시민보다 고객이 우위에 위치합니다. 자본이 시장을 만들고 시장은 다시 자본을 만들어냅니다. 자본이 도시를 만들고, 도시는 다시 자본을 만들어냅니다. 이처럼 도시성, 자본, 고객 이 세 축은 이미 단단하고 안정된 삼각형을 이루고 있어서 그 삼각형을 구부려 시민의 축을 마련하기란 쉽지 않습니다. 그래서 시민, 도시성, 자본, 고객이 균형을 이루는 도시를 만들기도 녹록지 않습니다. 도시성, 자본, 고객이라는 세 축이 맞물려 돌아가는 틈새에 시민의 공간은 옹색하기만 합니다.

물론 누구나 자신의 선택으로 도시의 고객이 될 수 있습니다. 도시에서 물건을 사고파는 것은 삶의 가장 기본적인 방식일뿐더러 고마움과 즐거움이기도 합니다. 우리는 또 스스로

'외로운 개인'을 선택할 수도 있지요. 그러나 시민으로 존중받고 환대를 받는 것은 개인이 선택할 수 없습니다. 오직 도시를 통해야 가능합니다. 그러나 자본스케일 도시에는 고객만 있을 뿐 시민은 없습니다.

좋은 도시에는 정면이 없다

나무는 정면이 없다

바라보는 쪽이 정면이다

나무는 경계가 없다

모든 것이 넘나든다

나무는 볼 때마다 완성되어 있고,

볼 때마다 다르다

새가 날아와 앉으면 새가 앉은 나무가 되고

달이 뜨면 달이 뜨는 나무가 된다(…)

— 김용택, 「나무는 정면이 없다」 중에서

나무에게 정면이 있다면 바라보기 위해 줄을 서야 합니다. 나무에게 경계가 있다면 들어가기 위해 경쟁을 해야 하겠지요. 줄을 서면 앞선 자와 뒤선 자가 생겨나고 경쟁을 하면 승자와 패자가 나타납니다. 좋은 도시는 함부로 줄을 세우지도, 함부로 승자와 패자를 구분하지도 않습니다.

나무는 새가 날아와 앉으면 '새가 앉은 나무'가 되고, 달이 뜨면 '달이 뜨는 나무'가 된다고 김용택 시인은 말했습니다. 저에게 한 도시의 공공장소는 바로 이런 나무와 같습니다. 어떤 누가 있더라도 있는 그대로 완성이며, 누가 누구인지 구분하지 않습니다.

요즘의 도시에서는 자본을 중심으로 거의 모든 것에서 일상처럼 줄 세우기가 일어납니다. 모든 도시에 앞선 자와 뒤선 자, 승자와 패자가 존재합니다. 이토록 살벌한 도시에서 공공장소는 중재자가 되어줍니다. 이곳에서는 앞선 자와 뒤선 자, 승자와 패자가 나뉘지 않습니다. 시민 모두가 환대받습니다.

물론 공공장소가 도시의 경쟁과 경계 그 자체를 없애지는 못하지만 경계와 경쟁으로부터 자유로운 무중력 지대가 되어줄 수는 있습니다. 도시의 경쟁과 경계는 결국 '사회적 잣대'의 또 다른 이름입니다. 그러나 공공장소의 환대는 사회적 잣대에 따라 달라지지 않지요.

군이 공공장소가 필요치 않은 사람들도 얼마든지 있습니다. 작은 도서관보다 더 큰 개인 서재를 가진 사람도 있고, 하루

입장료가 몇 만 원에 달하는 미술관 수준의 유료 도서관을 거뜬히 이용하는 사람도 있지요. 한편 누군가는 책 한 권을 사기 위해 며칠을 고민하기도 합니다. 한여름, 호텔 바캉스를 즐기거나 시원한 나라로 여행을 가는 사람들도 있지만 더위를 피할 수 없어 은행이나 관공서를 전전하는 사람들도 있는 게 도시입니다.

대부분의 상업 시설은 돈이 없으면 들어갈 수 없습니다. 들어갈 수 없으면 그 누구도 불러주지 않으며 그 누구에게도 자리를 만들어주지 않습니다. 자본의 장소에서는 물건을 들고 계산대 앞에 서야 비로소 환영받습니다.

> 사람이라는 것은 어떤 보이지 않는 공동체-도덕적 공동체-안에서 성원권을 갖는다는 뜻이다. 즉 사람임은 일종의 자격이며, 타인의 인정을 필요로 한다. 이것이 사람과 인간의 다른 점이다. (중략) 어떤 개체가 사람이 되기 위해서는 사회 안으로 들어가야 한다. 사회가 그의 이름을 불러주어야 하며, 그에게 자리를 만들어주어야 한다.
>
> — 김현경,『사람, 장소, 환대』(문학과지성사)

김현경 교수는 이렇게 말합니다. 공공장소는 조건 없는 환대의 장소입니다. 돈이 없더라도 들어갈 수 있고, 돈이 없더라도 이름을 불러줍니다. 공공장소는 누군가가 갈 곳이 없어서, 어쩔 수 없이 가야 해서 필요한 게 아닙니다. 가난하면 갈 수 없고 부자들만 갈 수 있거나, 반대로 가난하면 갈 수 있고 부자들은 갈 수 없는 공공장소가 필요한 것도 아닙니다. 우리에게 절실한 건 우리 모두를 품어주는 '도시의 친구' 같은 공공장소입니다. 누구나 갈 수 있고, 누구나 가고 싶은 모두의 공공장소가 있어야 한다는 것이지요. 공공장소는 살벌한 도시에서 나의 자리를 확인하고 시민성을 인정받는 장소입니다. 도시가 자리를 만들어줌으로써 우리는 나의 시민성을 확인받을 수 있습니다.

2022년 9월, 누군가가 전주의 한 도서관에 이런 엽서 한 장을 남겼습니다.

> "외롭고 힘들던 중 우연히 오게 된 이곳에서 많은 위로를
> 받고 갑니다. 감사해요."

공공장소는 조건 없는 사람의 장소입니다. 좋은 도시에는 정면이 없습니다. 진정한 의미의 시민들이 넘쳐나는 도시를 만들고 싶다면 우리에게는 질문이 하나 필요합니다. 오늘의

도시에게 우리의 자격을 물어야만 합니다.

"우리는 고객입니까, 아니면 시민입니까?"

우리는 이제 도시를 벗어날 수 없습니다. 인간과 도시는 서로 영향을 주고받으며 함께 진화해 왔기 때문입니다. 도시에서 살아가는 우리의 삶은 도시성과 이미 화학적 결합을 이루고 있습니다.

시민의 자격은 자본이 끌어가는 도시에서 찾을 수 없습니다. 우리에겐 고객이자 시민이고, 시민이자 고객으로 공존할 수 있는 상처받지 않을 균형이 필요합니다. 고객 속의 시민으로, 시민 속의 고객으로 살아가는 즐거운 존중의 균형도 필요합니다. 그 균형은 정면이 없는 다양한 공공장소를 확대하고, 공공장소 하나하나에 사람과 시민의 가치를 담는 관점과 안목에서 찾을 수 있을 것입니다.

도시는 사람을 담는 그릇이다

: 건지산숲속도서관

"야외로 나가는 게 좋다는 것은 누구나 알고 있다. 우리 조상들도 그랬다. 그러니 우리는 밖으로 나가야 한다."

건지산숲속도서관에 들러 무심코 집어 든 책을 펼치자 이런 문장이 단박에 눈에 들어왔습니다. 세라 이벤스의 책 『당신의 하루가 숲이라면』입니다. 좋은 도시는 시민들을 밖으로 불러냅니다. 마음까지도 말입니다.

이제 막 겨울에 들어서는 11월 말, 두툼한 옷을 입었는데도 시민들의 발걸음은 가볍고 경쾌합니다. 건지산 숲에 들어서자 아이들의 웃음소리가 가을 낙엽에 물씬거립니다. 몇 년 전 조성한 숲 놀이터 '땅까땅까 베짱이 숲'입니다. 근처에 숲 놀이터 '임금님 숲'도 있는데, 건지산의 자연과 숲이 아이들의 삶에서 배어나길 소망하며 만든 놀이터입니다. 추운 계절이 만든 푹신한 낙엽을 발로 휘젓고 하늘로 뿌리며 아이들은 숲에 생기를 더합니다. 시민들에게 눈인사를 하고 아이들에게 한눈을 파는 순간 편백나무 숲 한가운데 자리 잡은 도서관에 시선이 닿았습니다.

혼자서 또 여럿이서 숲길을 따라 걷는 시민들이 보입니다. 시민들의 삶의 터전입니다. 그저 숲을 지나쳐 가는 것이 아니라 숲에 산다는 느낌이 듭니다. 진정한 '산다'의 의미는 공간의 점유보다는 공간과 맺는 '관계'에 있기 때문입니다. 물리적 공간이라기보다는 감정적·정신적 안정감을 주는 맥락을 가질 때 비로소 터전, 즉 삶의 거처가 될 수 있습니다.

제 옆으로 책을 펼치는 시민들이 보입니다. 옆에 앉은 한 어르신은 책과 노트를 꺼내시더니 무언가를 열심히 적고, 한 청년은 창밖과 책을 번갈아 보더니 한참이나 하늘을 응시합니다. 우리의 몸과 감정은 늘 리듬을 타며 일상을 살아갑니다. 시민들의 몸놀림과 표정에도 각기 리듬이 있지요. 이들의 리듬은 서로 흡수되기도, 튕겨져 나오기도 하면서 어우러집니다. 우리의 몸과 감정은 좋은 리듬을 만날 때 정화되고 즐거움을 얻지요. 그러니 이토록 많은 시민이 이 건지산 숲길과 도서관을 찾는 건, 이곳이 좋은 리듬을 서로 주고받는 삶의 장소이기 때문일 것입니다.

우리는 어떤 도시를 선택할 수 있을까

우리는 가끔 도시의 많은 것이 원래부터 자연스럽게 존재했다고 여기곤 합니다. 그러나 도시의 모든 것은 선택의 결과입

- 이 도서관은 책들과 나무 책상들로 숲 내음이 가득합니다. 그 숲 내음은 우리를 자연을 닮은 삶으로 이끕니다.

니다. 이 숲길도 누군가가 첫 발걸음을 뗀 선택이었고 도서관도 그렇습니다. 이렇게 도시의 선택은 시민들의 삶과 직결됩니다. 그중 어떤 선택은 시민들을 고립에 두지 않고 밖으로 불러냅니다. 누구나 야외로 나가는 게 좋다는 것을 알고는 있습니다. 단지 망설일 뿐이지요. 그럴 때 좋은 도시는 선택들을 통해 우리가 밖으로 나갈 계기를 만들어줍니다. 몸이 아니라, 고립된 마음을 먼저 불러내는 것입니다. 몸은 마음에 따라 움직입니다. 위로와 기쁨은 그 순간에 멈추지 않고 우리를 더 앞으로 나아가게 하는 힘이 되고, 치유하고 회복시켜 줍니다. 고립에서 빠져나와 세상과 연결되며 삶의 의미를 찾게 하지요.

  몇 해 전 한 대학의 도시공학과 교수님께서 학생들과 도서관 기행을 왔습니다. 전주의 여러 도서관들을 돌아보고 남긴 글입니다.

  "파리 오르세미술관에서 무심히 앉아 예술 작품을 보며
  스케치하는 초등학생들을 목격한 적이 있습니다. 그때
  그 문화적 레벨과 자유로움이 참 부러웠는데, 전주는
  도서관마다 동네마다 최고의 책을 아무렇지도 않게 볼 수
  있는 장소들이 진짜 천지에 있더라고요. 이런 환경에서

자라는 아이들이 참 부럽고 마음이 뿌듯했습니다. 이런

기회가 그 아이들이 자라서 어디에 가든 책에서만큼은

위축되지 않고 당당한 삶을 살게 하리라는 생각이

들었습니다."

교수님은 예상했던 것과 다른 시선으로 도시를 둘러보았습니다. 전공인 건축이나 도시공학에 관한 이야기도 얼마든지 할 수 있었을 텐데, 교수님이 주목한 것은 다름 아닌 아이들의 '삶'이었습니다. 그때 새삼스레 다시 느꼈습니다. 도시의 가치도, 공학의 가치도 물리적 공간을 넘어 시민들의 삶을 담아낼 때 비로소 그 의미를 찾을 수 있다는 걸 말입니다.

도시는 사람을 담는 그릇입니다. 그릇의 모양에 따라 담기는 시민들의 삶도 달라집니다. 그릇의 종류가 다양할수록 삶의 모양도 다양해지지요. 그런데 좋은 그릇은 '찍어내지' 않습니다. '빚어내서' 만들어지지요. 찍어내는 것은 기계의 일이지만 빚어내는 것은 사람의 일입니다. 사람의 일에는 마음이 가야 합니다. 기계가 천편일률적으로 찍어낸 그릇이 어떻게 삶을 다채롭게 담아낼 수 있을까요. 달 모양으로 빚은 그릇에는 달처럼, 별 모양으로 빚은 그릇에는 별처럼 삶이 담깁니다.

사람이 사용할 그릇, 사람이 살아갈 도시

2022년 6월 국립무형유산원에서 특별한 공연을 만났습니다. 공연명이 '생각하는 손-흙과 실의 춤'이었습니다. 리처드 세넷의 책『장인』에서 영감을 받아 만들어진 공연인데, 장인들의 공예 작업 과정을 공연으로 만든 최초의 시도였습니다. 공연은 파격의 연속이었습니다. 1부 무대에는 한국 도예의 거장인 국가무형유산 사기장 보유자 김정옥 선생이 올랐습니다. 300년을 이어온 도자 가문의 7대 명장인 그는 17세에 입문해 60년이 넘도록 외길을 걸었습니다. 무대에 오른 장인은 평생 해왔던 방식 그대로 물레질을 합니다. 그의 마음과 몸의 움직임에 현대무용과 음악이 녹아듭니다. 그릇의 재료가 될 흙은 무용으로 해석되어 이겨지고, 실제 흙기둥이 장인의 물레 위에 놓입니다. 관객들은 팽팽한 긴장으로 움찔도 하지 못합니다. 장인은 마침내 물레질을 통해 흙기둥을 사발로 만들어내고, 모습을 갖춘 사발은 무용수들에게 들려 가마로 옮겨집니다. 미완의 사발은 불의 흔들림으로 달궈지고, 불의 시간을 통해 비로소 새로운 생명이 탄생합니다. 전환의 시간을 거쳐 사람이 '쓸' 그릇으로 태어나는 것입니다. 공연 중간중간 거장은 투박한 목소리로 독백을 합니다.

"나의 그릇들은 가마 속에서 태어나 사람들의 친구가 된다.

시름 젖은 자에게는 술사발로, 아픈 자에게는 약사발로,

배고픈 자에게는 밥사발로, 마음을 닦는 자에게는 찻사발로,

그들의 생을 채워주고 보듬어준다."

　장인의 독백이 그릇의 본질입니다. 그릇의 본질에 대해 들으며 저는 도시의 본질을 떠올렸습니다. 도시도 누군가에게는 위로를, 누군가에게는 치유를, 누군가에게는 풍요를, 누군가에게는 평온을 줍니다. 좋은 도시는 시민들의 생을 채워주고 보듬어줍니다. 그리고 우리 모두는 도시의 '누군가'입니다. 좋은 도시는 모두의 친구가 됩니다. 특정한 사람, 특정한 계층, 특정한 지역, 특정한 성취에게만 친구가 된다면 그 도시는 좋은 도시라고 할 수 없습니다. 좋은 도시는, 다양한 모습으로 우리의 삶을 채우고 우리를 품어줍니다.

　좋은 그릇이 그것을 사용할 사람을 생각하며 만들어지듯, 좋은 도시도 그곳에 담길 시민의 삶을 먼저 생각해야 합니다. 또한 도시가 우리의 삶을 담는 그릇이라면 도시를 대하는 우리

의 마음도 달라져야 하겠지요. 우리가 도시를 구조와 물체, 물성으로만 바라본다면 우리가 도시로 만날 수 있는 삶도 그것에 그치고 말 것입니다. 그러나 도시를 친구라고 생각하면 도시를 바라보는 시선도, 도시를 느끼는 방식도 달라집니다.

우리는 시선과 느낌을 통해 먼 도시를 가깝게 끌어당길 수 있습니다. 누구나가 건축가나 도시 계획가처럼 전문가적 식견으로 도시를 파악할 수는 없겠지만, 가슴 한편에 가지고 있는 동화적 상상력은 우리 모두 발휘할 수 있습니다. 바로 은유의 능력입니다.

우리에게는 도시에 관한 다정한 은유가 필요합니다. 도시를 물리적 구조로만 보고 느끼는 통념을 뛰어넘기 위해서입니다. 이를테면 도시는 내 친구일 수도, 내 삶을 가득 담아낼 그릇일 수도 있습니다. 은유가 만들어내는 꿈은 보이지도 않고, 보여줄 수도 없지만 오히려 현실의 그 어떤 것보다 힘이 있습니다. 우리를 움직이게 하지요. 꿈은 오감 너머에 있지, 감각의 거리 안에 있지 않습니다. 가장 멀리 있는 것이 때로는 가장 가까이 있는 것보다 더 구체적으로 우리의 행위를 이끌어냅니다. 우리 삶의 가치가 도시의 기계적인 효율성과 획일성, 균일성에 있는 게 아니라면, 우리에겐 꿈이 필요합니다.

꿈꾸는 자에게는 언제나 선택의 기회가 찾아옵니다. 도시는 거대해 보이지만 우리가 삶을 바꿀 선택을 더해간다면 도시도 삶도 서서히 바뀔 수 있을 것입니다. 이런 숲길이 좋다고, 이런 도서관이 좋다고, 이런 복지관이 좋다고, 이런 미술관이 좋다고, 이런 시청이 좋다고, 이런 정원이 좋다고……. 도시는 선택의 결과입니다. 시민들의 선택이 쌓이면 분명 도시는 바뀝니다. 그리고 도시는 그 선택에 응답해야 합니다. 도시에 관한 새로운 은유는 연대의 힘을 가집니다. 그 힘은 우리 삶이 확장되고 근본적으로 변화하는 단초가 되어줄 것입니다.

관점은 변화의 시작점이 되어준다

앞의 글에서 사기장 김정옥 장인은 그릇을 '친구'로 은유했습
니다. 그릇을 누군가의 생을 채워주고 보듬어주는 존재로 인
식한 것입니다. 이것이 그릇을 바라보는 장인의 관점입니다.
장인의 관점은 수십 년의 고단함과 외로움을 이겨내는 근본이
되었습니다. 그 관점이 있었기에 비로소 장인의 그릇은 완성
에 이를 수 있었지요.

그런가 하면 완성하기까지 심혈을 기울이는 과정, 과정은 안
목을 깊어지게 합니다. 그렇게 안목이 깊어지면 안목은 어느
새 일종의 '원초적 감각'으로 내재됩니다. 저는 '공공장소는 시

민의 삶을 어떻게 바꾸는가'라는 주제로 여러 차례 강연을 했는데, 그때마다 강조한 것이 바로 '관점'과 '안목'입니다.

저는 그리스 신화를 참 좋아하는데요, 그중에서도 프로메테우스를 읽을 때면 늘 그의 인간에 대한 탁월한 관점과 안목에 감탄하곤 합니다. 프로메테우스는 인간에 대한 관점 때문에 제우스의 형벌을 받아야만 했습니다. 그는 가장 인간적인 신이었지요. 다른 신들과는 관점이 달랐습니다. 제우스는 인간을 '신들에게 예속된 피조물'로 여겼지만, 그는 인간이 그 자체로 존중받아야 한다는 신념을 가지고 있었습니다. 이것이 프로메테우스가 인간을 바라보는 '관점'입니다.

또한 프로메테우스는 인간의 삶을 바꾸려면 무엇이 필요하고 중요한지 고민하고 고민했습니다. 진심 어린 고민은 깊은 안목을 만들었고, 그 안목의 결과가 바로 '불'이었습니다. 프로메테우스는 신의 세계에서 불을 훔쳐 인간의 세계로 내려왔고, 인간세계는 이 불로 새로운 문명을 개척할 수 있었습니다. 인간의 삶이 근원부터 바뀌기 시작한 것입니다.

어떤 변화를 원할 때 가장 먼저 필요한 것은 무엇일까요? 방향입니다. 누구든 방향이 있어야 앞으로 나아갈 수 있으니까요. 그리고 그 방향의 좌표가 되어주는 것이 '관점'입니다. 저는 일의 현장에서 왜 그토록 관점이 중요한지 많은 걸 보고 느겼는데, 그 이야기를 상세하게 해보고자 합니다. 그러니까 '관점에 관한 저의 관점'이라고도 할 수 있겠습니다.

관점은 각자가 가진 삶의 가치와 철학이 반영된, 세상을 바라보는 방식입니다. 로마의 황제이자 철학자였던 마르쿠스 아우렐리우스는 "우리가 보는 모든 것은 진실이 아니라 관점이다"라고 말했습니다. 우리는 사실 세상의 모든 사물과 현상을 자신의 관점으로 바라보고, 그 관점을 기초로 태도와 행동을 취합니다. '나'가 배제된 절대적 객관이란 없지요. 관점은 감정을 타고 튀어 오르는 여러 생각들과는 다릅니다. 자신만의 또렷한 관점을 지니고 나면 더 이상 여러 생각들이 마구 튀어 오르거나 좌충우돌하지 않습니다. 한마디로 관점은 '정돈된 생각 덩어리'입니다. 관점의 정의에 대해 루소의 『고독한 산책자의 몽상』에서도 하나의 통찰을 얻을 수 있습니다.

> 우리가 무엇을 해야 하는지는 대부분 우리가 무엇을 믿어야
>
> 하는지에 따라 좌우된다. 그리고 우리의 본성에 내재된
>
> 일차적인 욕구와 관계되는 것을 제외하면 우리의 견해는 곧
>
> 우리의 행동규칙으로 자리 잡는다.
>
> ─ 장 자크 루소, 『고독한 산책자의 몽상』(부북스)

'무엇을 믿어야 하는가'는 곧 '어디에 가치를 두는가'에 달려 있습니다. 그렇기에 관점을 갖는다는 것은 암기를 통해 정답을 찾는 일이 아닙니다. 성찰을 통해 정립해야 하는 일이지요. 그래서 관점은 '알아낸 정보'가 아니라 '지향할 가치'가 중심이 되어 생겨납니다. 루소의 글에서 '견해'는 관점의 다른 표현으로, 관점은 일관성과 지속성을 가진 우리의 행동 규칙으로 자리를 잡습니다.

예를 들면, 저는 재임 기간 8년 동안 전주 시장으로서 전주국제영화제의 조직위원장을 맡았습니다. 전주국제영화제는 독립영화의 정체성을 기반으로 한 영화제입니다. 조직위원장이 매번 영화제 개막 선언을 하게 되어 있는데, 저는 2016년 제17회 전주국제영화제 개막 선언에서 이런 말을 한 바 있습니다.

"영화의 본질은 영화를 만드는 기술에 있는 것이 아니라 바로 표현의 자유에 있습니다."

제가 영화를 바라보는 관점입니다. 이렇게 내면화된 관점은 영화제를 만들어가는 여러 주체들과 함께 당시 살벌했던 '문화계 블랙리스트 정국'을 돌파할 수 있는 용기를 갖게 했습니다. '대규모 자본으로부터의 독립, 권력으로부터의 독립, 사회적 통념으로부터의 독립'이라는 전주국제영화제의 초심에 일관성과 지속성을 부여한 것입니다. 이렇게 확고한 관점이 있었기에 다른 영화제나 다른 도시가 몸을 사릴 때 전주와 전주국제영화제는 예술을 길들이려는 정치권력에 정면으로 맞설 수 있었던 것입니다.

관점은 연대를, 연대는 변화를

관점이 없다면 어떻게 될까요? 행동 규칙이 없고 방향도 모르는 상태에 놓이고 맙니다. 방향을 모르니 쉬이 길을 갈 수 없고, 올바로 가다가도 확신이 없으니 힘들면 포기하겠지요. 길이 너무 어려우면 쉬운 길로 돌아갈 것이고요. 그래서 어떤 일에서든 무언가를 이루고자 한다면 관점이 필요합니다. 특히 공적인 일은 더욱 그렇습니다. 도시의 변화는 혼자서 만들어낼 수 없기 때문입니다. 뜻을 함께하는 사람들, 즉 사회적 연대가 필요합니다.

그러나 관점이 정립되어 있지 않으면 사회적 연대도 어렵습니다. 관점은 신념의 한 형태로 드러나기 때문입니다. 신념은 더 큰 가치를 위해 나의 불편과 손해, 어려움을 감수하겠다는 마음의 결정이며 고통마저도 고통스럽지 않게 받아들이겠다는 태도입니다. 이러한 신념은 사람들의 마음을 깨우며 전이됩니다. '신념이 공유된 연결'로 나타나는 것이 사회적 연대이지요. 조기축구회나 바둑 동아리, 등산 동호회나 와인 클럽을 사회적 연대라고 부르지 않는 이유입니다. 동호회는 취미로 연결되는 공동체로, 사적인 즐거움과 성취를 목적으로 가입하기에 굳이 나의 불편이나 손해, 어려움을 감수하지 않습니다. 다른 동호회가 얼마든지 있을뿐더러 나의 희생을 통해 더 큰 가치가 창출되는 곳이 아니니까요. 반면 사회적 연대는 스스로를 희생하고 헌신하는 데서 오히려 더 큰 기쁨을 찾고 이 과정에서 결속은 단단해집니다. 인간만이 할 수 있는 가장 아름다운 사회적 연결입니다. 관점과 연대는 이렇게 우리 개인의 삶, 그리고 함께하는 삶 양쪽 모두에 의미를 부여합니다. 그래서 관점은 곧 세상을 바꾸는 단단한 시작이라고 할 수 있습니다.

가장 용감하고 고통에 익숙한 동물인 인간은 고통 그 자체를
부정하지는 않는다. 아니 고통의 의미나 고통의 목적이
밝혀져 있기만 하다면, 인간은 고통을 바라고 고통 자체를
찾기까지 한다. 고통 자체가 아니라 고통의 무의미가 바로

이제까지 인류에게 내려진 저주였다.

- 프리드리히 니체, 『도덕의 계보』(아카넷)

　니체는 인간의 고통에 관해 이렇게 말합니다. 변화가 없는 일에는 고통이 따르지 않습니다. 쉬운 일은 생각과 근육의 부하 없이 해낼 수 있습니다. 반면 근본적인 변화에는 부하가 걸리고, 강하게 부하가 걸리면 고통이 시작됩니다. 근본을 바꾸는 일이니 부담이 되고, 고통이 생겨나는 것이지요. 관점이 뿌리를 내리면 적당한 수준에서 멈추지도, 힘들다고 돌아가지도 않습니다. 관점은 갈 수 있을 때까지만 가는 게 아니라, 고통의 의미를 찾으며 '가야 할 길'을 만들어가게 합니다. 관점은 변화 그 자체이자 변화의 과정입니다.

안목이 깊이를 결정한다

진정한 변화는 방향만으로는 부족합니다. 방향에 깊이가 더해져야 하지요. '관점'이 방향이라면 '안목'은 깊이입니다. 안목은 '사물의 좋고 나쁨 또는 진위나 가치를 분별하는 능력'입니다. 더불어 안목은 정도를 결정하는 일입니다. 높은 안목은 일의 차원을 다르게 만들고 그에 따라 일의 완성도도 높아집니다. 안목은 가장 중요한 것과 덜 중요한 것, 또 중요하지 않은 것을 구분해 내고 꼭 필요한 것과 덜 필요한 것, 또 필요하지 않은 것을 골라내는 직관입니다.

깊은 안목이 있다는 것은 달리 말하면 '결정하는 능력'을 갖추었다고도 볼 수 있습니다. 안목이 없는 사람은 결정을 두려워하지요. 결정에는 어떤 책임이 뒤따르기 마련이니, 일에 대한 태도를 분명히 정하지 못하고 갈팡질팡하며 결정을 회피하는 것입니다. 반면 안목이 있는 사람은 결정을 두려워하지 않습니다.

도시의 변화는 사회적 연대가 기반이 되어야 하는데 이때 필요한 것이 사회적 안목입니다. 사회적 안목이란 '사회적 가치가 있는 일을 창조적 협동 과정을 거쳐 잘 해내는 능력'입니다. 일을 하나의 흐름으로 이해하고 잘 해내기 위해 여러 인적·물적 관계와 조합을 판단하는 자질이지요. 사회적 안목은 공적 안목과 시민 당사자들의 안목, 전문가의 안목이 질적으로 결합될 때 깊어지고, 그 깊이가 시민들의 삶을 고양시킵니다. 사회적 안목은 공공장소뿐 아니라 복지나 생태, 문화 등등의 정책에도 필수적인 요소입니다. 안목은 눈에 보이지 않지만 그 결과는 시민들의 삶으로 분명하게 드러납니다.

도시가 변화하는 과정에는 많은 논의와 합의가 필요합니다. 이 과정이 창조적 협동 과정이 되느냐, 아니면 적당한 미봉으로 끝나느냐에 따라 그 변화의 완성도가 결정되지요. 창조적 협동은 참여자들이 해야 할 일을 각자 기계적으로 분담하는 수준을 넘어 창의적이고 유기적인 결합을 이룰 때 발현됩니다. 이 결합은 각자 내면에 숨어 있는 창의성을 끌어내, 볼록렌즈가 빛을 모아내듯 사회적 초점을 만들어냅니다. 그리고 그 사회적 초점의 뜨거움이 도시를 변화시키는 에너지가 되고, 이 뜨거움을 함께 만들어낸 사람들 사이에는 끈끈한 사회적 관계가 형성되지요. 이렇게 직조되는 사회적 관계는 시민들의 삶의 과정이기도 하고 도시 자체가 만들어지는 과정이도 합니다. 창조적 협동 과정이 중요한 것은, 그 여정 자체가 도시일뿐더러 시민들의 삶의 일부이기 때문입니다. 일의 결과만이 도시가 아닙니다.

일의 과정은 정책의 '지속성'에 결정적인 영향을 미칩니다. 공공장소는 어느 누구 혼자서 만들어낼 수 없습니다. 그래서 늘 정치적 결정을 동반하지요. 겉으로 보기에는 어느 날 홀연히 나타나는 것 같지만 정책 결정의 전, 실행, 후까지 그야말로 복잡다단한 과정을 거쳐야만 합니다. 정치적 결정에는 개인과 집단이 개입하게 됩니다. 시민과 리더, 간부와 직원, 협업 부서, 의회와 언론, 전문가 그룹, 이해 관계자 등 많은 사람의 다양한 의견들이 개진되거나 충돌하기도 합니다. 변화가 시작되는 곳은 어디나 마찰이 있기 마련입니다. 도시 전문가 찰스 랜드리는 이렇게 말합니다.

창조적인 곳은 편안하지 않다. 한 조직 안에서든 넓은 도시 안에서든 새로운 사고가 낡은 사고와 충돌하면서 한계에 도전하는 이들이 끊임없이 기득 세력과 마찰을 일으킨다.

— 찰스 랜드리, 『크리에이티브 시티 메이킹』(역사넷)

우리 주변의 변화들은 이런 마찰들을 이겨내고 싹을 틔운 것입니다. 아무리 원대한 꿈이라도 일단 시작되면 얼마간은 상처와 비루함을 버텨내야 합니다. 하지만 일의 가치를 어떻게 받아들이느냐에 따라 그 얼마간은 안목을 키우는 과정으로 승화되기도 하지요. 외부적 마찰도 그렇지만 내 안의 저항을 극복하는 것 또한 반드시 치러야 할 과업입니다. 내 안에는 다른 사람들보다 훨씬 완고하게 버티는 내가 있을 수도 있습니다. 어려움의 고비가 찾아올 때마다 마찰을 사회적 가치로 승화시키는 것이 관점이라면, 그 내·외부의 수없이 많은 마찰을 겪고 그것들의 저항을 극복하면서 깊어진 결과가 바로 사회적 안목이라고 할 수 있습니다.

현장에서 주목한 핵심적인 안목 세 가지

오랫동안 도시 현장에 있으면서 도시의 정책들이 어떤 방식으로 얼마만큼 이루어지는지 경험하고 관찰할 기회가 많았습니다. 국내외 도시에서 일의 현장에 있는 사람들과 깊은 대화를 나누고 그들의 통찰을 배울 수 있는 계기가 되었지요. 그 과정에서 제가 주목한 것은 도시의 변화를 이뤄낸 이들이 가진 핵심적인 안목 세 가지입니다.

창조적 협동 과정의 시작은 모두가 함께 '왜'라는 질문을 던지는 것입니다. 관점의 공유이지요. 관점은 안목에 앞서고, 안목은 늘 관점을 품고 있습니다. 공개적인 관점의 공유는 사회적 안목의 첫 번째 원칙이라고 말할 만큼 중요한 부분입니다. 참여자들이나 이해 관계자들이 '우리가 이 일을 왜 하는지' 마음으로 받아들이지 않으면 창조적 마찰이 아니라 적대적 마찰이 발생합니다. 마찰은 함께 극복하는 것입니다. 누군가를 이겨내는 것이 아니지요. 협동은 서로의 의견을 존중해 일을 창조적으로 해내는 과정이지, 싸움이 아니기 때문입니다.

공유된 관점을 통해 일의 가치를 마음으로 받아들이면 일을 대하는 태도가 달라지고 안목이 깊어지기 시작합니다. 내가 하는 일이 '의미 있다'고 판단하면 일과 삶이 합치되는 면이 발생합니다. 우리 모두는 나 아닌 누군가에게 도움이 되고 싶어 하는 심성을 가지고 있습니다. 관점은 그 심성을 건드려줍니다. 안목은 실제 행위를 통해 성장하고요. 도시를 바꾸는 일은 사회적 가치가 있는 의미 있는 일, 공적인 일입니다.

공적인 일 중에서도 공간이나 장소를 기반으로 하는 정책은 한편으론 일방적입니다. 시민들에게 선택의 여지가 많지 않습니다. 예를 들면 커피숍의 경우 다양한 장소와 스타일, 다양한 가격과 메뉴로 고객들이 선택할 수 있는 여지를 주는 반면 공공장소는 그렇지 않지요. '가거나 가지 않거나' 둘 중 하나일 뿐, 선택의 여지가 거의 없습니다. 그러나 그렇기에 좋은 공공장소를 만든다는 것은 오히려 더 설레고 가슴 뛰는 일입니다. 선택 하나하나가 곧바로 시민들의 삶과 직결되기 때문입니다.

재임 중에 사회적 관점을 통해 안목이 성장한, 그래서 삶과 일의 일치를 이루어낸 많은 직원과 시민을 볼 수 있었습니다. 퇴임 후 1년 반이 지날 즈음, 함께 일했던 직원들에게 점심 초대를 받았습니다. 식사를 마치고 돌아오는 길에 한 직원이 저에게 말을 건넸습니다.

"시장님, 저는 시장님 덕분에 제 인생관이 바뀌었습니다."

"네?"

"처음 시장님께서 저희에게 '아이들을 생태놀이터에서 키우자'고 했을 땐 무슨 말씀인지 잘 몰랐거든요. 저는 이런 일을 처음 맡았고 아무것도 몰랐어요. 그런데 시장님 말씀도 듣고, 생태놀이터 강연도 듣고 전문가들도 만나면서 제가 변하기 시작했습니다. '아, 놀이터가 이렇게 가치 있는 거구나.' 우리 도시와 아이들에게 놀이터의 의미를 깨우친 거죠. 저도 초등학생 아이가 셋 있는데 학원에 보내기보다는 생태놀이터에서 모험을 즐기도록 키우게 되더라고요. 공부보다 놀이가 중요하다는 걸 알게 된 거예요. 놀이터를 조성할 때, 주말에 우리 아이들을 데리고 가서 놀이하는 모습을 관찰하는데요. 놀이 관찰이요. 아이들이 노는 모습을 세심하게 살펴보면서 놀이터를 어떻게 바꿔야 할지 보는데, 놀이터 조성에 정말 큰 도움이 됩니다."

이 직원과 같은 부서의 몇 분은 사회적 안목을 갖춘 생태놀이터 전문가로 훌쩍 성장했습니다. 탄탄한 사회적 관점과 안목으로 아이들의 삶을 바꾸는 도시 경험과 성과를 이끌어낸 것입니다.

재임 중에 아이들 놀이터를 만드는 부서인 '야호 아이놀이과'를 신설했습니다. 이 부서를 중심으로 놀이와 아동 전문가,

● 좋은 도시는 재즈처럼 그루브를 만들어내지요. 전주시청 광장에서 도시
를 만끽하는 시민들 역시 그루브를 탄다는 걸 실감했습니다.

학부모, 시민단체, 교육과 행정 등 많은 사람이 모여 관점과 안목을 체화하고 사회적 연대와 현장 능력을 키웠습니다. 전주시청 앞 광장의 놀이터를 비롯해 도시 곳곳에 만든 생태놀이터들은 모두 사회적 연대의 성과들입니다. 길을 가다가 가끔 놀이터를 보수하거나 정리하고 있는 직원들의 뒷모습을 멀리서 보곤 합니다. 흐릿하게 보이는 모습에서도 진심이 느껴집니다.

이 부서의 공무원들은 모두 생태놀이터 조성이란 일을 처음 접하는 것이었습니다. 그 과정에서 전문가들을 만나며 함께 공부하기 시작했고, 놀이관찰과 조성 현장에서 더 많은 것을 배웠지요. 놀이터의 위험 정도 등 놀이터를 조성할 때 따라오는 여러 가지 논란과 예산이나 조성 위치에 따른 주민들의 갈등, 타 부서와의 협업 등 복잡한 과정을 극복하고 성과를 내면서 사회적 안목 또한 깊어졌습니다. 놀이터에 관한 방향과 깊이를 체득한 것입니다. 사회적 안목은 '직위'가 아니라 '직職'을 통해서 깊어집니다. 직위는 누구에게나 주어질 수 있지만, 직은 나만 알 수 있는 내면의 것입니다.

사회적 안목의 첫 번째 원칙이라 할 수 있는 관점의 공개적 공유와 내면화에 이어 두 번째로 강조하고 싶은 것은 전문가에 대한 존중입니다. 시민 당사자적 안목은 시민들과의 접점을

● 아이들은 스스로 한계에 도전하며 결국은 해냅니다. 근육과 균형 감각, 두려움, 협동 등 포괄적인 창조성을 발휘하면서 말이지요.

다양하게 넓히면 확보할 수 있지만, '어떤 전문가가 참여하는가' 는 더없이 중요하고 까다로운 문제입니다. 한 분야에서 최고의 자리에 있는 전문가라고 해도, 협동의 과정을 통해 사회적 가치 를 실현할 수 있는가는 그와 별개의 문제이기 때문입니다. 전문 가의 명성보다는 그 전문가가 참여한 여러 현장의 목소리를 들 어보고 판단하는 것이 일의 완성도에 도움이 됩니다.

공공장소를 만들 때는 보통 예술가나 건축가, 조경가, 사회복 지사 등이 참여합니다. 전문가를 존중한다는 것은 그 안목이 권력자나 이해 관계자에 의해 훼손되지 않은 채로 과정과 마감에 적용되도록 한다는 뜻입니다. 전문가의 안목은 많은 사람의 시간과 수고를 덜어줍니다. 부산하지 않게 일거리를 정리해 주고, 장애물을 피하지 않고 극복하는 방법을 알려주지요.

전문가는 창조적 협동 과정의 토대 위에서 공공장소의 완성도를 높이는 직접적인 역할을 맡습니다. 전문가의 주장은 때로는 많은 저항을 받습니다. 다른 생각과 다른 방법, 다른 눈높이를 가지고 있기 때문이지요. 그때 목표의 완성도를 크게 해치는 타협안을 강요받으면, 전문가는 자신의 역할에 의미를 찾지 못한 채 떠나고 맙니다. 그래서 전문가가 일에 집중할 수 있도록 다른 마찰을 줄여주는 것 또한 사회적 안목의 필수적인 요소입니다. 도시는 시민들의 당사자적 안목과 전문가적 안목이 만나는 꼭짓점에서 변화를 일궈내며 시민들의 삶을 더욱 풍성하게 합니다. 이때 전문가의 안목은 우리가 기대하는 결과에서 한 발 더 나아가게 하지요. 일상의 기대를 넘어서는 감동을 주고, 그 공공장소나 정책을 통해 시민들의 삶을 바꿔놓습니다.

세 번째는 사회적 미학입니다. 아름다움은 순수예술이나 미술관에서만 찾을 수 있는 것은 아닙니다. 또 자본이 생산해 내는, '살 수 있는 아름다움'만이 제 값을 하는 것도 아닙니다. 도시가 시민에게 기쁨과 위로가 되고 싶다면 도시의 가장 어려운 곳에, 또 시민들 삶의 한가운데에 있어야 할 것이 바로 '아름다움'입니다. 사회적 미학은 아름다움을 통해 시민의 삶을 변화시키고자 하는 도시의 안목입니다. 공공장소를 만드는 과정, 특히 마무리 단계에서 필수적인 요소이지요. '예술로 마감하기'는 도시가 시민을 반갑게 맞이하는 가장 친절한 역할을 맡습니다. 예술가나 심미안을 가진 사람들의 손을 거친 장소는 우리에게 자연과 비슷한 경험을 줍니다. 전주시의 도서관이 자연으로 들어가려 하는 이유 중 하나입니다.

  예술은 우리가 가진 아름다움의 본성을 자극합니다. 아름다움을 느끼는 삶과 그렇지 못한 삶에는 큰 차이가 있습니다. 아울러 도시와 시민들의 삶의 리듬이 조화를 이룰 수 있도록 관계를 조율합니다. 그 관계에 따라 공공장소와 시민들 사이의 심적·물리적 거리가 결정되지요. 또 장소나 공간이 단일한 신호를 일방적으로 보내는 것이 아니라 다양하게 해석될 수 있도록 여백과 여지를 줍니다. 그 여백과 여지는 장소나 공간에 흥미를 잃지 않고 다시 올 수 있는 기회를 만듭니다. 이는 환대의 한 표현이기도 하지요. 사회적 미학의 안목이 깊어진다는 것은, 접근하기 더 어려워진다는 것이 아니라 아름다움이 시민의 일상이 된다는 의미입니다. 그래서 사회적 미학은 시민에게 부담을 주지 않고 삶 속에 자연스럽게 스며들 때 더 큰 가치를 발휘합니다.

　사회적 안목을 갖추는 일은 개인의 성장인 동시에 사회적 자산의 축적이기도 합니다. 사회적 가치를 지닌 일의 기억과 경험, 현장 능력은 우리 도시가 필요할 때 언제라도 쓸 수 있도록 쌓여야 합니다. 좋은 도시의 조건 중 하나입니다. 어떤 일을 도모해야 할 때 모든 것을 다시 시작해야 하는 도시는 좋은 도시가 아닙니다. 축적된 사회적 안목은 그 도시의 잠재력이자 저력입니다.

　도시를 변화시키는 창조적 수준의 결정, 창조적 협동의 과정, 창조적 안목의 완성은 결코 쉽지 않은 도전입니다. 그러나 적당한 수준의 결정, 타협, 마무리로는 결코 도시를 변화시킬 수 없습니다. 관점과 안목을 갖추고 성실하게 방향과 깊이를 추구할 때 탁월함에 이를 수 있지요. 물론 공공장소의 탁월한 도착지를 '어느 곳'이라고 단정할 수는 없습니다. 하지만 그 목표를 향해 가다 보면, 분명 어느 지점에선가 도시가 변하고 마침내 시민들의 삶도 변화하는 모습을 볼 수 있을 것입니다.

세상을 바꾸는 용기, 상상력, 그리고 사회적 연대

관점과 안목은 한 도시의 60년 넘은 난제도 풀어내게 합니다. 또한 우리에게 두려움을 이겨내는 용기, 법과 제도, 관성을 뛰어넘는 사회적 상상력, 인간적이고 사회적인 가치에 공감하고 행동하는 사회적 연대를 가능케 하지요.

전주시청 인근 서노송예술촌에 가면 아담한 마을 정원이 하나 있습니다. 2014년 시장 취임 후 전주 성매매 집결지 '선미촌'을 폐쇄하기 위해 첫 번째로 매입한 장소이지요. 그래서 별칭 '1호점'이라고 부릅니다. 폐가가 된 성매매 업소를 매입해 만든 이 작은 정원이 강고한 성매매 집결지에 균열을 내는 첫 번째 공공장소가 되었습니다. 수십 년 동안 누구도 접근할 수 없었던 도시의 섬에 발길이 닿기 시작한 것입니다. 이곳에 마을 축제가 열리고, 예술이 들어서면서 비로소 보이지 않던 도시가 모습을 드러냈습니다.

성매매 집결지는 돈을 준다고 건물을 살 수 있는 곳이 아닙니다. 인접해 있는 다른 성매매 업소 때문에 건물주가 팔고 싶어도 팔 수 없는 위협적인 상황들이 도처에 널려 있기 때문입니다. 그래서 어느 도시든 성매매 집결지 폐쇄는 도시 정책 중 가장 난이도 높은 사업 중 하나이지요.

성매매 집결지를 폐쇄하는 데는 두 가지 방법이 있습니다. 하나는 전면적인 공권력 동원입니다. 행정, 검찰, 경찰, 소방, 한전, 상하수도 등등이 합동으로 물리적 강제력을 행사해 해체하는 방법이지요. 두 번째는 전면 개발입니다. 도시계획 변경 등을 통해 개발을 하면 건물주나 업주에게 돌아갈 이익이 생기기에 그 편이 가장 빠르고 쉬운 방법일 수 있습니다. 하지만 전주는 그 두 길을 가지 않았습니다.

저는 어려움이 있을 때마다 늘 묻습니다. '우리는 왜 이 일을 하는가?' 선미촌 재생의 가치는 '여성 인권'과 '도시의 기억'을 지키는 것이었습니다. 물리적 공권력을 동원하는 것과 전면 개발로는 '왜'라는 질문에 답할 수 없었습니다. 물리적 공권력으로 밀어내는 방법은 이곳 여성들에게 자활과 삶의 새로운 대안을 모색할 기회와 시간을 주지 못하고, 전면 개발은 도시의 기억을 전부 지워버리고 말기 때문입니다. 기억하는 방식에는 충분한 논의와 안목이 필요합니다. 그것이 '점진적 재생'이라는 방향을 잡고 선미촌을 전환시킨 이유였습니다.

1호점을 지나 '2호점'으로 가봅니다. 그곳은 '뜻밖의 미술관'입니다. 기대하지 않았던 곳에서 뜻밖에 마주한 예술이 누군가의 삶을 바꾸길 소망하며 만든 미술관이지요. 또 한 골목을 돌아들면 계속해서 3, 4, 5, 6, 7호점…… 선미촌의 변화를 끌어낸 공공장소들이 터를 잡고 있습니다. 버려지는 것들에 새로운 가치를 입히는 새활용센터 '다시 봄', '성평등 전주', 문화예술 공간 '놀라운 예술터', 이곳 노송동의 마을과 주민들의 기록을 담은 마을사 박물관 '노송뉘우스'가 그것들입니다. 두려움을 이겨낸 시민들의 역사들이고, 한 곳 한 곳이 모두 도시의 전환적 사건입니다.

노송뉘우스 옆 건물 위에 설치된 문구가 하나 보입니다. "가장 아픈 곳에서 가장 아름다운 꽃이 핀다." 선미촌 재생을 담당하는 '서노송예술촌 조성팀'이 일하는 곳입니다. 몇 년 전 직원들에게 한 말이 생각났습니다.

"너무 미안한데, 우리가 선미촌 안으로 들어갑시다."

● 각각 선미촌 1호점 마을정원, 2호점 뜻밖의 미술관 그리고 현장 시청과
  마을사박물관입니다. 시민들이 만든 도시 전환의 사건들입니다.

선미촌 업주들과의 충돌이 최고조에 이를 무렵, 시청에 있던 직원들이 성매매 집결지 한복판으로 이사를 했습니다. 선미촌이 위치한 지역 '서노송'과 이 성매매 집결지의 재생 방향인 '예술'을 붙여 만든 신설 조직이었습니다. 그리고 시청이 현장으로 들어가면서 선미촌 재생은 중대한 전환점을 맞았지요.

개인은 두려울 수 있어도
도시는 두려울 수 없다

2022년, 선미촌은 완전히 폐쇄되었습니다. 2014년 재생 사업을 시작할 때는 49개 업소와 88명의 성매매 여성이 있었는데 2022년 초를 기점으로 단 한 개의 업소도, 단 한 명의 성매매 여성도 찾을 수 없게 되었습니다. 전북여성인권센터가 십수 년간 해온 치열한 현장 활동을 기반으로 선미촌민관협의회와 청년 예술가들, 시의회와 행정, 경찰과 검찰 등이 연대한 결과 새로운 변화가 찾아온 것입니다. 60여 년 만의 일입니다. 여성들의 자활을 지원하며 점진적 재생으로 성공한 우리나라 최초의 사례입니다. 수십 명의 여성들이 다른 삶의 대안을 찾았다는 소식과 함께였습니다.

전주 선미촌은 60여 년을 버텼습니다. 그것도 전주시청과 불과 3분 거리에서 말입니다. 2014년 본격적인 재생을 시작하면서부터 저는 선미촌이 어떻게 이곳에서 60년을 지속할 수 있었을까 궁금했습니다. 그러다가 이 사업의 초기 공무원들과 주변 분들의 표정과 태도에서 그 이유를 알게 되었습니다. 바로 두려움 때문이었습니다. 선미촌 해체는 '어차피 안 되는 일'이었습니다. 시작했지만 아무것도 시작하지 않았었지요. '왜' 하는지를 모르는 시작은 시작이 아니니까요. '왜'를 묻고 '관점'이 생겨야 비로소 상상력과 용기 그리고 사회적 연대가 시작됩니다.

선미촌 재생은 앞서 말한 변화의 핵심, '관점'과 '안목'을 통해 도시를 변화시킨 대표적 사례입니다. 또한 사회적 연대를 이룬 분들이 이 과정을 단순한 정책에의 참여가 아닌 자기 삶의 일부로 여겼기에 가능했습니다. 기꺼이 자신의 삶 일부를 내어주며 참여에 헌신하신 것이지요.

선미촌 재생의 시작, 과정, 성과와 앞으로의 과제. 그게 바로 '도시'입니다. 도시는 장소성을 기반으로 하기 때문입니다. 도시 구성원들의 협치가 만들어낸 기억과 경험, 성과 그리고 앞으로 그려갈 꿈 모두가 도시 그 자체입니다. 선미촌이 바로 그랬습니다. 선미촌이 가진 기억과 재생 과정이 자연스럽게 도시의 일부가 되었고, 시민성으로 스며들었지요. 기억, 경험, 성과, 미래에 관한 구상…… 그것들을 소중한 자산으로 축적한 도시가 좋은 도시입니다.

선미촌 재생에 담긴 관점과 안목, 상상력과 용기 그리고 사회적 연대의 축적이야말로 정보가 아니라 진정한 지식입니다. 그 안에 도시의 이야기와 서사가 있습니다. 과거, 현재, 미래를 연결하는 시간의 폭과 서사적 진폭이 내재해 있습니다. 그 시간의 폭과 서사적 진폭은 우리에게 두려움을 딛고 시작할 수 있는 용기를 줍니다. 도시의 잠재력이자 저력입니다. 개인은 두려울 수 있지만 도시는 두려울 수 없습니다.

도시가 책과 함께
사유할 수 있다면

누군가와 나누고 싶은 시간의 문턱

전주는 책의 도시입니다. 전주시장으로 일하는 동안 '책의 도시 전주'의 터를 닦는 데 성심을 다했습니다. 저로서는 당연한 일이었는데, 많은 분들이 그 이유를 궁금해합니다. 그중 하나가 "왜 도서관에 관심을 가졌냐?"라는 질문이었지요.

공적인 위치에서 일할지라도 개인에게 스며든 경험을 무시하기는 쉽지 않습니다. 리트머스 종이처럼 체화된 개인적 경험은 은연중에 공공 정책의 색깔로 드러납니다. 저의 경우도 마찬가지였지요. 책과 저의 인연, 제가 생각하는 책의 가치도 저의 오랜 기억으로부터 나온 것입니다.

장소에는 고유한 시간의 흐름과 무드가 존재한다.

장소가 바뀌면 시간도 기운도 무드도 바뀐다.

인디아의 전통 마을 입구에는 침묵의 성소가 있다.

외부와 다른 시간으로 넘어오는 '시간의 문턱'이다.

이곳에서 숨을 고르고 마음의 옷깃을 여미면서

새로운 만남과 세계 속으로 스며들어 가는 것이다.

이 신성한 '시간의 문턱'을 잃어버리면 인간은

어디서나 대체 가능한 획일적 존재로 쓸려가고 만다.

– 박노해, 「다른 길」 중에서

저에게 독서는 '시간의 문턱'입니다. 책은 돈으로 따지면 1만 5000원 안팎이고, 물성으로 따지면 그저 잉크 찌꺼기와 종이 묶음에 지나지 않습니다. 도서관 건물의 벽은 30센티미터 안팎의 건축자재일 뿐입니다. 그러나 그 벽으로 나뉘는 안과 밖은 차원이 다릅니다. 서로 같을 수 없는 완전히 다른 세상이지요. 그 다른 세상을 넘나드는 곳이 바로 문턱입니다. 문턱은 몇 센티 안팎의 낮은 물체에 불과하지만 '경계'입니다. 안과 밖, 공과 사, 나와 남, 우리와 그들, 불안함과 편안함, 일과 휴식 그 사이입니다. 이 문턱을 넘는 순간 우리는 다르게 존재합니다. 책은 저의 존재를 가르는 날선 경계입니다.

초등학교 2학년, '버려지는 물건들'로부터 저의 도서관이 시작되었습니다. 제가 다니던 학교는 정읍 시내에서 한참을 들어가야 하는 시골에 있었습니다. 새 학년이 되어 긴장된 마음으로 낯선 교실에 들어섰습니다. 순간 '아, 이게 무슨…….' 하며 동공이 흔들렸습니다. 교실의 두 면이 책으로 빼곡하게 채워져 있는 것이었습니다. 태어나서 그렇게 많은 책은 처음 봤습니다. 놀랍고도 생경했습니다. 책이 워낙 귀한 때라 교과서도 헌 달력으로 감싸서 사용하고, 학년을 마치면 동생들에게 고이 물려주던 시절이었지요.

형형색색 책의 벽! 그렇게 화려한 벽은 본 적이 없었습니다. 태어나서 처음으로 도서관을 마주했습니다. 책 하나하나를 뚫어져라 보고 또 봤습니다. '이렇게 많은 책이 있다니.' 검지로 한 권 한 권을 위에서 아래로 쓰다듬었습니다. 다 이해할 수는 없지만 한 권 한 권의 제목이 저를 끌어당겼습니다.

가난했던 시절은 학교들 또한 가난해서 독립된 도서관이 없었습니다. 그러다 보니 건물의 맨 끝에 위치해 다른 교실보다 약간 넓었던 우리 교실이 학교 도서실이 된 것이었지요. 반장이었던 저는 가끔 책 관리와 심부름을 해야 했습니다. 책 정리도 하고, 해지고 찢어진 책은 선생님과 함께 수선도 했습니다. 지금 생각해 보니 어린 사서였습니다.

세상에서 가장 작은 도서관의 탄생

어느 날 선생님 책상 옆에 낡고 찢어진 책 몇 권이 쌓여 있었습니다. 닳아서 쓸 수 없는 책들을 정리해 둔 겁니다. 표지는 없어진 지 오래고 앞뒤가 몇 장씩은 뜯겨 나간 책, 비를 맞았는지 몸이 퉁퉁 불어 있는 책, 엎질러진 물을 먹고 노랗게 뒤틀린 책들이 보였습니다.

"이 책들은 이제 빌려줄 수도, 읽을 수도 없게 되었으니 반장이 버리고 올까?"

선생님의 말을 듣는 순간 마음이 급해졌습니다. '아, 저 책은 재미있는 부분이 남아 있는데…….' 제 마음이 두근거렸습니다. 버려지는 것들이 제 마음을 흔들었습니다.

"선생님! 그 버리는 책, 저 주시면 안 될까요?"

"그럴까? 버리는 건데 괜찮겠어?"

45년 전, 어설프기 짝이 없는 저의 도서관은 그렇게 시작되었습니다. 버려지는 책 몇 권이 어린 어깨에 얹혀 집에 도착했습니다. 찢겨 나간 표지를 철 지난 달력으로 새롭게 덧댄 후 그 위에 책 제목과 지은이를 괴발개발 써 넣었습니다. 내용이 뜯겨 나간 책은 같은 책을 보고 요약한 종이를 책 안쪽에 붙였습니다. 그렇게 책방에서는 볼 수 없는 희한한 책이 재출간되었습니다. 말할 수 없는 뿌듯함이 일었습니다. 새롭게 태어난 책 몇 권이 저만의 도서관에 차곡히 제자리를 잡아갔습니다. 당시에는 거의 모든 집에 벽장처럼 파인(지금으로 말하자면 '빌트인') 이불장이 있었습니다. 이불장 한편에 작고 깊은 '사유의 성소'가 만들어졌지요. 그렇게 저는 세상에서 가장 어리고 가장 작은 도서관의 관장이 되었습니다.

그때부터 책에 빠져들었습니다. 시골 학교의 작은 도서관이었지만 많은 책을 잡아먹듯이 꼭꼭 씹어 읽었습니다. 결말에 이른 것이 아쉬워 며칠이나 아껴둔 책, 밤을 새워 벼락같이 읽어 내려간 책……. 어린 저에게 독서는 눈깔사탕이었습니다. 도서관 교실은 최고의 놀이터였고 동시에 신성한 곳이었습니다. 새로운 책 몇 권이 들어올 때면 시험 시간보다 더 두근거렸습니다.

돌이켜보면 제가 성장하고 성숙할 때는 꼭 책이 곁에 있었습니다. 방황하고 부끄러웠던 시절은 책을 멀리한 때였고, 마음이 따뜻하고 겸손해질 때는 책을 가까이한 때였습니다. 책을 떠나면 마음이 강퍅해지고 자만이 들어찼습니다. 창의적이고 도전적인 일들은 모두 책으로부터 나왔고, 수동적이고 포기했던 일들은 모두 세상의 관성으로부터 나왔습니다.

"많은 책들은, 자신의 성 안에 있는 어떤 낯선 방들로

들어가는 열쇠 같은 역할을 하네."

— 프란츠 카프카, 『행복한 불행한 이에게』(솔)

카프카는 친구 오스카 폴락에게 보낸 편지에 이렇게 적었습니다. 늘 내 안에 있었지만 한 번도 들어가지 못한 방, 아니 외면했던 방으로 책은 우리를 안내합니다. 그곳에서 낯설지만 새로운 나를 발견합니다. '왜 이걸 몰랐을까.' 한없이 아쉬운 일들이 많습니다. 지금 느끼는 이 아쉬움도 책으로부터 나왔습니다. 지금이라도 아쉬움을 느끼는 건 감사한 일입니다. 책은 저에게 그런 존재입니다.

독서는 그동안 저의 삶의 여정에 쌓인 고착된 사유를 흔들어 '새로운 만남과 세계 속으로 스며들게' 하는 시간의 문턱입니다. 오래된 도서관을 하나하나 혁신하고, 새로운 도서관을 지을 때마다 저는 기도했습니다. 이곳이 누군가에게 '시간의 문턱'이 되었으면 좋겠다고.

책 큐레이션은 삶의 제안이다

: 한옥마을도서관

한옥마을도서관에 가면 도서관 마루 기둥에 고양이 '호두'의 캐리커처와 함께 안내 문구가 한 장 붙어 있습니다.

도서관을 좋아하는 옆집 고양이 호두, 모래에 뒹굴기를 즐기고 누군가의 무릎에 앉는 걸 좋아해요. 지나치게 건드리면 할퀼 수도 있어요. 조심히 대해주세요. 고양이가 불편하신 분들은 직원에게 말해주세요. 도와드리겠습니다.

호두는 어느새 한옥마을도서관의 마스코트가 되었습니다. 가끔 한옥마을도서관에 가는 저는 사실 책보다 호두가 보고 싶어 갈 때가 많습니다. 이 도서관에서 일하는 직원 한 분이 신이 나서 호두를 소개합니다.

"도서관을 조성할 때부터 그 옆집 고양이가 항상 와 있었는데요. 지켜본 거죠, 대체 사람들이 뭘 하나······. 이름이 호두인데 이제 도서관 마스코트가 됐어요. 맨날 문 여는 시간에 와서 방석 위에 이렇게 앉아 있어요. 그러면서 책 읽으러 오는 분들을 맞이해요. 그분들에게 계속 꼬리 흔들어주고, 이용자분들이 이렇게 쓰다듬어주면 눈도

마주쳐 주고요. 요사이 제일 인기 있는 '인싸'예요. 한옥마을

'셀럽'이죠. 근데요, 또 고양이 털 색깔이 도서관 가구

색깔이랑 너무 잘 어울리는 거예요. 저녁 문 닫을 시간에

주인아주머니가 '호두야!' 부르면 그때 퇴근해요."

'고양이들은 우리 인간을 어떤 눈으로 바라볼까?' 호두를 볼 때마다 '바스테트'가 생각납니다. 바스테트는 베르나르 베르베르의 소설 『고양이』의 주인공 고양이 이름입니다. 이 소설은 고양이의 시선으로 인간의 행동과 사회를 비판적으로 바라보고, 인간들이 놓치고 있는 인간 존재와 인간 사회의 모순을 날카롭게 드러냅니다. 저는 호두를 볼 때마다 바스테트의 말들을 떠올리곤 하지요.

"아무리 생각해 봐도 나는 이상적인 삶을 살고 있는 것 같다. 하루하루가 놀라움의 연속인 삶을. 내일이 어제와 다르지 않은 존재는 이미 죽은 것이나 다름없다."

호두와 눈이 마주쳤습니다. 호두의 표정을 읽습니다.

'아저씨는 어제와는 다른 삶을 살고 있나요?'

호두에 질문에 말문이 턱 막힙니다. 저는 그렇게 매일매일 다른 삶을 살고 있지 못합니다. 그러나 곰곰이 생각해 보니,

제 모습을 조금이나마 변화시키고 있는 것 같긴 합니다. 일상의 경험과 관찰 그리고 책 덕분이지요. 일상에서 얻는 자성, 소소한 깨달음들과 독서가 어제와 다른 저를 있게 합니다.

우리 모두가 바스테트처럼 '하루하루가 놀라움의 연속'인 이상적인 삶을 살 수는 없을 것입니다. 그러나 그래도 조금씩 변화한다는 것은 살아 있다는 작은 증거들입니다. 도서관은 시민들의 삶의 변화를 위해 존재합니다. 전주시가 도서관의 비전을 '책이 삶이 되는 책의 도시 전주'로 설정한 이유입니다. '책이 시민들의 삶이 되도록' 하는 것은 우리 도시가 시민들의 삶에 관여하는 일입니다. 그리고 시민들의 삶에 도시가 관여하는 것은 신성한 일이지요.

"도서관의 핵심 중 하나가 큐레이션입니다. 시민들을 책 창고에 밀어 넣는 게 아니라, 다양하게 '이 책 한번 읽어보시면 어떨까요?' 하며 우리가 권유할 수 있어야 합니다. 그 이야기는 다른 말로, 시민들에게 이런 삶의 방식은 어떠냐고 겸손하게 삶의 방식을 제안하는 것입니다. 그래서 책 한 권 한 권을 서가에 꽂을 때 우리는 신성한 일을 하고 있는 겁니다."

직원들와 여러 차례 나누었던 말입니다. '책 큐레이션'은 단순한 책의 전시 이상의 의미를 가집니다. 책을 한 권 한 권 꽂을 때, 이 책이 누군가의 삶의 방향이 될 수 있다는 정성스러운 마음이 필요하다는 의미입니다. 셀 수 없이 많은 책이 매일 쏟아져 나오고 도서관의 서가로 속속 들어옵니다. 그러나 우리에게 필요한 건 그것들을 무작정 쌓아놓는 방대한 책 창고는 아닐 것입니다.

한때는 도서관의 가장 큰 자랑이 '장서'였습니다. 몇 만 권, 몇 십만 권, 몇 백만 권의 장서 규모가 그 도시 혹은 국가의 도서관 정책과 문화력의 상징이었습니다. 물론 지금도 장서는 중요하지만 그것이 도서관의 전부는 아닙니다. 출판되는 모든 책을 감당할 수 없는 시대, 그 어느 때보다도 사서의 역할이 커졌지요. 큐레이션은 도서관과 독자가 나누는 특별한 대화입니다. 소셜미디어의 알고리즘은 모두를 같은 길로 안내하지만 큐레이션은 서로 다른 길로 독자들을 안내합니다. 알고리즘은 내가 보고 싶은 데로, 익숙한 데로 나를 끌고 가지만 큐레이션은 내가 보지 못했던 곳으로 이끌며 낯설지만 새로운 문을 열어줍니다. 전주시에 주제가 있는 특화 도서관들이 들어서고, 도서관들이 큐레이션을 강화하고 있는 이유입니다.

- 한옥마을도서관은 서가마다 다양한 주제로 다양한 삶을 안내합니다. 번
잡한 관광지에 삶을 위한 사색의 장소가 들어선 것입니다.

삶을 안내하는 도서관

한옥마을도서관 입구에 들어서면 도서관 운영 안내판이 서 있습니다. 도서관의 비전과 더불어 책 큐레이션을 소개하고 있지요.

> 한옥마을도서관은 '나를 찾는 여행'을 키워드로 삶 자체를 하나의 여행으로 하여, 인생의 여정 속에서 나를 발견하고 채워가는 것을 목표로 운영되고 있습니다.

아늑한 한옥 마당에 들어서면 작은 한옥 세 동이 책을 품고 우리를 기다립니다. 한 동 한 동 삶의 의미를 지닌 이름을 가지고 있는데 '대나무 숲', '꿈 방앗간', '마음 곳간'이 그것입니다. 첫 번째 공간인 '대나무 숲'은 취미·예술 등 일상을 주제로 서가가 구성돼 있습니다. 한 책꽂이 위에는 '풀꽃바람'이라는 명찰을 붙이고 식물과 정원, 꽃과 나무, 산책과 등산을 주제로 책들을 마련해 놓았지요. 그 옆에는 독서와 글쓰기 등을 주제로 한 '취미의 발견' 서가가, 또 한쪽은 '시간 도둑' 서가가 있습니다. 저는 이 명찰을 보면서 미소 짓고 말았습니다. 그도 그럴 것이 뜨개, 자수, 종이접기, 목공 등 한번 시작하면 손을 놓기 어려운 분야의 책들이 선명하게 모여 있었거든요.

두 번째 공간 '꿈 방앗간'의 '토닥토닥, 마음톡톡' 서가에는 나와 타인에 대한 공감을 통해 치유와 회복을 돕는 따뜻한 책들이 가득 차 있습니다. 또 '새록새록, 아이마음' 서가에는 아이들의 모험심과 상상력을 자극하는 판타지와 동화, 그림책 등이 빼곡하게 모여 아이들을 부르고 있고요. 다음 한편에는 한옥 건축 등을 포함한 건축 서적과 전주를 소개하는 책들이 비치돼 있습니다. 세 번째 공간은 '마음 곳간'입니다. 우리는 늘 타인과의 관계 속에서 세상을 함께 살아갑니다. '나로 인해, 너로 인해' 서가와 '어제 내가, 오늘 내게' 서가는 그 관계 속에서 내가 길을 잃지 않도록 안온하게 마음을 잡아줍니다.

제가 이렇게 한옥마을도서관의 큐레이션을 자세하게 소개하는 것은(물론 실제 큐레이션은 훨씬 더 세분화되어 있지만), 그만큼 이곳이 도서관의 본질 중 하나인 큐레이션에 정성을 쏟고 있음을 전하고 싶어서입니다. 주위에 자수하는 몇 분을 알고 있는데, 여러 색실로 수놓은 그림과 글자, 무늬를 보면 지극함이 절로 느껴집니다. 이 도서관의 큐레이션을 볼 때면 같은 감정이 올라옵니다. 수를 놓듯 정성을 다해 서가들을 구성했습니다.

그래서인지 도서관을 갈 때마다 본능적으로 방문객들의 표정과 동선을 살펴보게 됩니다. 결국 이용자들을 위한 큐레이션이니까요. 전부는 아니지만, 방문객 중 몇 분은 도서관을 허수로이 둘러보지 않습니다. 더디 움직이며 도서관의 책들에 깊은 관심을 갖고, 제안된 주제 하나하나를 진중하고 반갑게 읽어냅니다.

　좋은 큐레이션은 주제만으로도 독서 욕구를 자극합니다. 책도 집어 들기 전에 그 주제를 나에게 투영하지요. 책의 바다를 설렁설렁 유영하는 것도 큰 즐거움이지만, 도서관의 색다른 제안 또한 예사롭지 않은 기쁨입니다. 좋은 큐레이션은 한 권의 책 앞에서 우리의 걸음을 멈추게 하고 마음을 끌어당깁니다. 발걸음이 멈추는 곳은 곧 마음이 닿는 곳이지요. 마음 닿는 책 한 권이, 우리의 삶을 변화시킵니다.

　한옥마을에 웬 도서관이냐고 묻는 분들도 있고, 소셜미디어에 관광지에 도서관이 있다며 신기해하는 분들도 많습니다. 도서관에 머무를 때면 마루에 앉은 관광객들에게 종종 어디서 오셨냐고 묻곤 합니다. 한옥마을 주변에 사시는 분들도, 도서관 여행으로 이곳에 오신 분들도 있습니다. 또 한옥마을에 관광을 왔다가 우연찮게 들른 분들도 있지요. 어느 나라, 도시에서 오셨든 모두 우리의 시민들입니다. 아무쪼록 이 도서관이 시민들의 삶에 위로와 변화를 주길, 동시에 시민들이 이곳에서 가볍게 산책하는 즐거움도 만끽하길 원할 뿐입니다.

한옥마을 도서관을 추진할 때 지지하는 분들이 그리 많지는 않았습니다. 관광지에 좀 뜬금없다는 반응이었지요. 이런 관광지에 놀러 와서 누가 굳이 책을 읽으러 오며, 전주 시민들도 이렇게 복잡한 곳까지 책을 읽으러 오기 만무하다는 것이었습니다.

저는 오히려 그런 점에서 한옥마을에 도서관이 필요하다는 생각을 했습니다. 단순히 먹고 놀고, 마시고 즐기고 가는 관광도시는 얼마든지 많습니다. 또 그런 관광지일수록 그 도시를 존중하지 않는 관광객들도 많습니다. 도시를 그저 소비하는 하나의 '상품'으로 대하는 것입니다. 하지만 한 도시의 관광지나 여행지도 여느 동네와 마찬가지로 시민들의 삶의 자리입니다. 내가 사는 동네가 나에게 소중하듯이 관광지도 아껴야 할 주민들의 생활 터전입니다. 관광지의 공공장소를 관광객들에게서 돈을 버는 장소로 바꾸는 건 그리 어렵지 않지만, 삶의 장소로 존중케 하기 위해서는 섬세한 접근이 필요합니다. 한옥마을도서관은 다른 문화 시설들과 함께 전주의 문화를 느끼

● 원래 옆집 고양이였던 호두는 이제 도서관 주인처럼
　행세합니다. 도서관에 함께 있다는 이유로 사람과 고
　양이는 종이 달라도 친구가 됩니다. 공간이나 장소가
　공동체에 중요한 이유입니다.

고 호흡하는 방식의 여행을 위해 만들어졌습니다. 한 도시의 문화를 깊게 접하면 대부분의 관광객들을 그 도시를 존중하게 됩니다. 전주 또한 이곳을 찾는 분들이 색다른 경험과 삶의 여정을 돌아볼 수 있도록 존중의 마음을 담은 것입니다. 아울러 관광지 주변에 사는 시민들이 번잡함에 밀리는 것이 아니라 조용한 사색의 시간을 누릴 수 있길 바라는 마음으로 이 도서관을 조성했습니다.

한옥마을도서관은 앞서 안내문에서 소개한 것처럼 우리 인생을 여행으로 은유합니다. 그러나 우리는 가끔 인생 곳곳을 승부로 은유하곤 합니다. 승부는 우리의 삶을 경기로 전제하게 하지요. 경기의 관심은 늘 승패에 있고, 최종 점수와 결승선만이 성공을 결정합니다. 그러나 인생을 승부로 결판내야 한다면 우리 모두는 패배자가 될 수밖에 없습니다. 인생의 마지막 경기인 '죽음과의 승부'가 우리 모두를 기다리고 있기 때문입니다.

삶에 의미를 부여하는 것은 타인과의 승부가 아니라 내 삶을 바라보는 나의 시선입니다. 시선이 달라지면 인생은 얼마든지 승부가 아니라 여행이 될 수 있습니다. 몇 개월에 걸쳐 수없이 많은 논의 끝에 한옥마을도서관 책 큐레이션이 정해진 이유입니다. 책 큐레이션은 단순히 책을 전시하는 것을 넘어 삶의 방식에 관한 제안입니다. '이런 책은 어떨까요?'라는 말은 '이런 삶은 어떨까요?'와 같은 무게를 지니지요. 다양한 삶의 제안을 눈에 담은 후 도서관에서 나올 때면 늘 호두에게 또 보자는 인사를 합니다. 호두에게서 바스테트의 말이 들립니다.

"내 삶에 의미를 부여한 것은 바로 내가 내 삶을 바라보는 방식이다. 나는 누구와도 경쟁하고 있다고 느껴지지 않는다. 나는 누가 흉내 낼 수 없는 나 자신만의 유일무이한 삶의 궤도를 따라갈 뿐이다."

실제에서 실존으로 넘어가는 다리

소설과 시, 수필 등 문학과 예술 그리고 철학은 우리들의 '실제'에서 '실존'을 이끌어냅니다. 수많은 가능성을 상상케 하고 그 가능성이 현실로 옮아가는 다리 역할을 해주지요. 그래서 글을 쓰는 사람들은 다리를 놓는 사람들이라고도 할 수 있습니다. 다리가 없었다면 건너갈 꿈조차 꾸지도 못했을 우리를, 거뜬히 발을 떼게 도와줍니다.

차를 넘어가게 하는 교량은 경로 의존적이지만 문학과 예술, 철학이 만드는 다리는 실제의 무한한 탈脫경로를 통해 우리를 실존에 이르게 합니다. 작은 골목의 끝에서야 다다를 수 있는,

많은 삶을 담아내는 유럽의 광장들처럼 말입니다. 책은 우리의 삶이 골목 같은 좁은 경로에만 갇히지 않도록 새로운 진입과 확장의 길을 무한히 만들어냅니다. 그리고 도서관은 그런 책들이 사는 집입니다.

2023년 가을, 한 도시에서 공공장소에 관한 강연 요청이 왔습니다. 그곳에서는 두 번째로 요청해 온 강연이었는데, 몇 개월 전에 말했던 내용에 한 가지를 더해달라는 부탁을 해왔습니다.

"시장님, 도시의 리더들이 도서관에 관심을 갖도록 설득하려면 저희 같은 실무 공무원들이 어떻게 해야 할까요? 두 시간 중 한 시간은 그 주제로 해주시면 좋겠는데요."

"네, 한번 해볼게요."

그 직원과 몇 차례 전화 통화를 하면서 여러 생각이 들었습니다. 그분의 요청은 자신과 시민들의 삶에 대한 고민의 발로였습니다. 공직 사회가 일의 본질적인 부분을 고민하는 것은 시민들의 삶과 직결됩니다. 고마웠습니다. 그저 그렇게 안주하려면 하지 않을 고민인데, 이 사서 선생님은 '종이책 시대의 어려움'과 '일의 한계'를 겪고 있는 듯했습니다.

몇 주가 지나고 강연을 했는데, 적어도 제 판단으로는 그리 성공적이지 못했습니다. 제 강연 내용이나 설득 능력이 부족했던 탓입니다. 직원들이 기획서나 말로 도시 리더를 설득하기는 쉽지 않습니다. 대부분의 도시 리더들에게는 이미 도서관에 관한 인식과 판단이 완고하게 자리 잡고 있기 때문입니다. 비단 도서관뿐 아니라 다른 분야들도 마찬가지입니다. 돌아보면 저도 그중 한 사람이었지요. 리더가 되면 많은 분야에서 자신이 이미 전문가인 양 착각하게 됩니다.

강연 내용 중 핵심은 '기대를 뛰어넘는 작은 감동의 힘'이었습니다. 아무리 작은 프로그램이더라도 시민들에게 감동을 주면 그곳에서부터 변화가 시작되고 그 변화가 도시 리더의 마음을 움직인다는 내용이었습니다. 아마도 저의 원론적인 이야기는 그분들의 절박한 상황을 다 담아내지 못했을 겁니다. 사라져가는 종이책 시대를 현장에서 절감하고 있는 사서분들의 눈빛이 또렷하게 읽혔습니다.

전주는 1949년 문을 연 도립도서관으로부터 본격적인 도서관의 역사를 시작했습니다. 도서관은 시대의 절실하고도 긴요한 역할을 해냈습니다. 책을 빌리고, 읽고, 연구하고, 공부하는 공공장소로서 우리 삶의 한가운데에 있었지요. 도서관에 자리 하나를 얻으려면 긴 수고를 해야 했습니다. 어두컴컴한 새벽에도 기다랗게 줄을 서 한참을 기다리다가 어느덧 도서관에 불이 켜지고 문이 열릴 때면 반갑고 훈훈했습니다.

지금이야 퀴퀴한 냄새로밖에 느껴지지 않지만 당시 책 냄새는 여러 세상을 상징했습니다. 멀리서 도서관을 지나칠 때면 책들이 끌어당기는 감정의 층위들은 다양하고 넓었습니다. 삶의 반경은 지금보다 훨씬 좁았지만 그럼에도 마음만 먹으면 얼마든지 그 반경 너머를 유영할 수 있었습니다. 도서관의 문학과 예술, 철학 책들이 우리를 더 넓고 많은 세상으로 안내했으니까요. 물론 지금의 디지털 세계처럼 편리하지도, 빠르지도 않고 알고리즘이 손쉽게 삶의 경로를 찾아주지도 않지만 지금과는 다른 재미와 설렘이 있었습니다.

긴급하지 않아도 중요할 수 있다

우리는 도서관의 역할과 가능성이 가장 축소된 시대에 살고 있습니다. 우선은 독서 인구가 절대적으로 감소했습니다. 종이책 시대가 저물고 전자책이나 오디오북, 유튜브 등 종이책을 대신하는 디지털 매체가 이미 빠르게 성장하고 있습니다. 특히 AI가 등장하면서 책에서 정보를 찾는 시대는 수직 낙하하고 있지요. 더 이상 논문이나 연구에 필요한 서적이나 자료를 도서관에서만 찾을 수 있는 시대가 아닙니다. '종이책을 읽는 곳' 도서관은 책에 관심 있는 소수의 영역으로 좁아지고 있습니다.

몇 해 전 어느 대기업의 임원이 오셔서 연화정도서관으로 안내한 적이 있습니다.

"도서관이 정말 아름다운데……. 세상에, 요즘이 어떤 세상인데 도서관에 이렇게 투자를 합니까? 도서관은 사양 산업이잖아요. 이거 곧 없어질 텐데……."

그렇습니다. 투자자의 눈으로는 도서관이 보이지 않습니다. 도서관은 급한 일이 아니니까요. 하지만 그렇다고 해서 중요한 것도 아닌 걸까요.

문제가 되는 것은 긴급성 그 자체가 아니다. 긴급성이 우리 인생을 지배해 버리고 중요성이 뒷전으로 밀리게 되는 것이 진짜 문제이다. 우리는 긴급한 것을 '소중한 것'으로 여기게 된다.

－ 스티븐 코비, 『소중한 것을 먼저하라』(김영사)

우리 도시도 긴급성의 지배를 벗어나기 쉽지 않습니다. 도시의 급한 일들은 눈에 보이고 당장 조치를 취해야 할 중요한 일들입니다. 그렇지만 안타깝게도 당장 눈에 보이지 않는 중요한 것들 또한 많습니다. 도시가 급한 사안에 집중할 때만 의미 있는 일을 하는 것이라는 착각은 우리를 긴급성의 중독에 빠지게 합니다. 그리고 긴급성의 중독은 시끄러운 일이 중요하다는 환상에도 젖게 하지요. 우리의 삶도 마찬가지입니다. 급한 일, 시끄러운 일만 중요해 보입니다. 급한 일을 한다고 일상의 것들을 사소하게 여기며, 눈앞에 닥친 급한 일이 아니라는 이유로 소중한 것들을 외면하고 삽니다.

도서관은 도시의 긴급한 일도 아니고 시끄러운 일도 아닙니다. 문학과 예술, 철학 역시 마찬가지입니다. 인문학이 내 통장에 곧바로 입금을 해주지는 않으니까요. 시 한 편 생각나지 않아도, 소설 한 권 수필 한 편 읽지 않아도 당장 내 삶에 어떤 일도 일어나지 않습니다. 도시는 거기서 눈치를 챈 것입니다. 도서관을 우선순위에 두지 않아도 긴급하거나 시끄러운 일이 일어나지는 않을 거라는 걸 말입니다. 한 20년 전쯤일까요? 영화 〈죽은 시인의 사회〉에서 키팅 선생님이 학생들에게 들려주던 이야기가 생각납니다.

"의학, 법률, 경제, 기술 등은 삶을 영위하는 데 필요하지만,
시와 아름다움, 낭만, 사랑은 삶의 목적인 거야."

도서관은 긴급하지도 시끄럽지도 않은 많은 것들로 가득 차 있습니다. 사랑, 평화, 연민, 정의, 동정, 공감, 위로, 낭만……. 모두 우리 삶의 목적이 되는 것들입니다. 가장 인간적인 가치들은 돈으로는 살 수 없습니다. 우리에겐 정치학, 경제학, 물리학도 필요하지만 시나 소설, 수필, 예술과 철학도 필요합니다. 기업가와 과학자, 정치인도 필요하지만 시인과 소설가, 수필가와 철학자도 필요하지요.

도서관은 우리를 실제의 골목이 아닌 실존의 평원에 살게 합니다. 그리고 도서관의 책들은 우리가 실제에서 실존으로 건너가게 해주는 다리 역할을 하지요. 도서관은 경로에 의존된 삶에 새로운 균형, 즉 삶의 항상성을 만들어내는 곳입니다. 그래서 책은 도서관에 갇힌 존재가 아닙니다. 책이 도서관이라는 물리적 건축물보다 더 오래 살아남는 이유입니다. 우리가 집에서 머물고 쉬는 것은 집에 있기 위함이 아니라, 다시 세상으로 나아가기 위함입니다. 우리에게 집이 필요하듯 도시에도 도서관이 필요합니다. 인간은 삶의 골목을 벗어나 새로운 삶의 목적을 추구할 수 있는 존재니까요.

비장소를 가장 인간적인 장소로

: 완산도서관 자작자작 책 공작소

"죄송합니다. 사실 눈물이 안 나올 줄 알았는데 왜 이렇게
눈물이 나오는지 모르겠네요. 제가 글을 쓴다는 생각을 한
번도 못 해봤거든요. 사실 많은 에피소드가 일상 속에서
매일 일어나고 있지만 글로 옮기지는 못했어요. 그런데 글을
쓰고 출판까지 하게 돼서 너무 벅차오릅니다. 그냥 다른
말은 떠오르지 않습니다. 가슴이 떨린다고 해야 할까요.
첫사랑의 느낌으로 다가왔습니다. 16주 동안 선생님의
지도로 글을 쓰고 출판까지 한 제 책을 보니 표현할 말이
없었습니다. 글을 쓰면서 가족에 대해서 많은 생각을 하게
되었고요. 마지막 글이 '엄마 일어나'인데, 제 친정엄마가
뇌출혈로 쓰러져서 많이 고생했거든요. 근데 그냥 지나칠
일상을 끄집어내서 한 자 한 자 쓰다 보니 가족이 너무
소중한 거예요. 그래서 그전에는 막연하게 '사랑하는
가족'이었는데 글을 쓰다 보니 '너무나 사랑하는 가족'이
되었어요. 그래서 글의 힘을 다시 한번 발견했어요. 글로
표현하니 그 감정이 배가되더라고요. 제가 어휘력이 좋지
않아서, 앞으로는 책을 더 많이 읽고 장문의 글을 쓰리라
생각하고 있습니다."

2021년 12월 완산도서관 '자작자작 책 공작소'에서 제1회 시민 작가 출판기념회가 열렸습니다. 1990년 6월 한 언론 기사를 보면 1989년 개관한 이곳 완산도서관은 당시만 해도 평일에는 1100여 명, 주말에는 1800여 명이 열람실을 이용할 정도로 북적이는 곳이었습니다. 하지만 도시가 팽창하면서 다른 지역에도 도서관들이 생겨나고, 구도심에 인구가 줄어들면서 이용자들도 확연히 줄었지요. 더구나 산자락 높은 곳에 위치해 있어 이곳에 오려면 급한 경사를 따라 한참을 걸어야만 했으니, 발걸음이 주는 건 어쩌면 당연한 수순이었을지도 모릅니다.

2014년경 취임 후 몇 분이 이곳을 매각해 유스호스텔이나 호텔을 짓자는 아이디어를 주셨습니다. 호텔 입지로는 전주시에서 가장 매력적인 곳 중 하나입니다. 아름다운 한옥마을과 전주천을 포함해 도시 전체가 내려다보이는 최고의 전망을 가졌고, 봄철이면 도서관 바로 옆부터 철쭉과 벚꽃이 온통 산을 휘덮으니까요. 당시 한옥마을 여행객이 증가하고 있어서 숙박 시설이 무척이나 필요하긴 했지만, 저는 이곳을 시민의 자산으로 지켜야 한다고 판단했습니다. 도시의 매력 있는 공공장소를, 매력적이라는 이유로 상업 자본에 매각하는 것은 바람직하지 않기 때문이지요. 관광객도 중요하지만 시민들에게는 도시의 아름다움을 즐기고 누릴 권리가 있습니다. 만약 이곳이 공공의 자산이 아니게 되면, '시민'으로서가 아니라 '고객'으로서 가야 합니다. 이곳을 지켜야 한다고 판단한 이후 이 도서관의 재생 방향을 '시민들과 작가들이 책을 쓰고 책을 만드는 도서관'으로 결정했습니다. 이곳이 시민들의 '쓰는 삶'의 터가 되고, 이곳에서 글을 쓰는 입주 작가들의 작품이 세상을 널리 이롭게 하길 소망하며 말입니다. 그 맥락에서 '자작자작 책공작소'가 탄생했고 그로부터 약 반 년이 지나 제1회 시민출판기념회가 열린 것입니다.

잃어버린 생의 감정들을 찾아서

한 시민 작가가 생애 첫 작가로서 소감을 발표하자 도서관이 눈물과 웃음으로 들썩거립니다. 16주간의 교육 과정을 거쳐 출판에 이른 십여 명의 시민 작가와 선생님들, 저를 포함한 직원들은 공감의 축제에 빠졌습니다. 한 분 한 분 책 소개와 함께 일렁이는 감정을 쏟아놓습니다. 다들 울다 웃다를 반복하며 환호와 고요 속에서 말을 이어갔지요. 단 한 번도 연습해 본 적 없는 감정의 교류가 물 흐르듯 자연스럽게 흘러갔습니 다. 이런 방식으로 타인과 연결될 거라고는 기대도, 상상도 한 적 없는 시민들 사이에 강한 유대가 형성되고 있었습니다.

삶을 압도하는 일의 현장에서는 어쩌면 감정을 가진다는 것 자체가 사치인지도 모릅니다. 고된 삶이 덮쳐올 때면 우리는 감정을 느끼거나 표현할 여유가 없어집니다. 자신의 감정을 살리는 게 아니라 오히려 죽이고 살게 되지요. 누구나 인간적 인 삶을 살고 싶으나 현실은 녹록지 않습니다. 나의 감정을 차 단하는 것은 물론이고, 타인의 감정을 받아들일 마음의 여유 도 생기지 않습니다.

시민 작가들은 고백합니다. '애써 잊고 있었던 나'를, '애써 외면하던 나'를 써 내려가다 보니 무디진 감정이 살아났다고. 시민들은 '쓰기'를 통해 잃어버린 감정들을 찾아내고, 잊었던 감정들을 기억해 냅니다. 그 과정을 통해 깊은 내면의 결핍과 상처가 들춰지지요. 감정이 북받치고 그 끝을 넘으면 마침내 치유와 회복이 시작됩니다. 딱딱하게 굳은 감정이 물렁해지고 강고하게 뭉쳐 있던 감정이 부드러워집니다.

고백은 우리를 행복하게 연결합니다. 나의 감정을 이해할

때 비로소 상대의 감정도 이해할 수 있기 때문입니다. 우리 뇌에 있는 '거울 뉴런' 덕분이지요. 거울 뉴런이 만들어내는 공감 능력은 도시의 본질 중 하나인 '사회적 관계'를 만들어내고, 이런 연결의 기쁨은 우리가 어느 대학을 나왔는지, 어떤 차를 타고 다니는지, 어떤 브랜드의 옷을 입는지를 잊게 만듭니다. 연결되어 본 경험은 우리 서로에게 다른 것보다는 비슷한 게 훨씬 더 많다는 것을 느끼게 해주지요. 또한 이 과정을 통해서 영혼이 깊게 맞닿아 있다는 걸 자각하게 됩니다. 감정은 영혼의 언어이기 때문입니다. 즉, 감정의 교류는 '영혼의 대화'입니다.

'자작자작 책 공작소'는 소박한 장소일뿐더러 글쓰기 수업 또한 작은 프로그램입니다. 도시 전체로 보면 하찮은 일일지도 모릅니다. 그러나 이 작은 장소와 프로그램이 시민들 간의 영혼의 대화를 이끌어냅니다. 고된 삶의 일부를 '쓰는 삶'으로 전환시키며 인위적으로는 만들 수 없는 감동을 일으키지요. 쓰는 삶이 시작되면 아득했던 나와 더 가까워지고, 희미했던 나를 더 선명하게 만나게 됩니다. '쓴다는 것'은 단어의 조합이나 문장의 구성에 있지 않습니다. 쓴다는 것의 본질은 나의 내면에 안개처럼 흩어져 있는 생각과 느낌, 감정을 글로 형상화하는 것입니다. 그래서 글을 고쳐가는 행위는 유려한 문장을 위한 게 아니라, 안개같이 잡히지 않는 내면의 생각과 느낌, 감정을 실제의 생각과 느낌, 감정으로 구체화하는 과정인 것입니다. '나'라는 존재는 여러면으로 규정될 수 있지만, 만약 '나'를 내면의 생각과 느낌, 감정의 총합으로 규정한다면 글쓰기는 가장 가까운 나에게 다가가는 과정입니다. 그래서 글쓰기는 내면의 나를 드러내는 것이 아니라 오히려 내 안으로 더 깊이 들어가는 것입니다.

- 이 도서관을 통해 두 가지를 소망했는데, 하나는 시민들의 '쓰는 삶', 두 번째는 이곳에서 글을 쓰는 작가들이 꿈을 이뤘으면 좋겠다는 것이었습니다.

쓰는 삶이 쓰지 않는 삶보다 더 가치 있거나 훌륭하다는 게 아닙니다. 다만 도시는 시민들이 다양한 삶의 선택을 할 수 있는 환경과 조건을 마련해야 한다는 것이지요. 도시가 글쓰기를, 독서를, 미술을, 음악을, 공원을…… 그것들을 글쓰기 분야로만, 독서 분야로만, 미술 분야로만, 음악 분야로만, 공원 분야로만 바라보는 것을 넘어 '자아를 찾아가는 매개'로 인식할 때 정책도 근본적인 변화를 가져옵니다.

우리에게는 인간적인 도시가 필요하다

친구들과 함께 근교의 미술관에 들렀습니다. 즐거운 마음으로 미술관 입구에 들어섰는데 저희를 맞이한 건 키오스크 한 대였습니다. 평소 우리를 맞이하던 직원이 보이질 않았지요. 중앙에 떡하니 버티고 서 있는 키오스크를 보니 당황스러웠습니다. 좁은 입구를 따라 들어가는 미술관에서는 가운데서 버티고 있는 키오스크를 피해 갈 수도 없습니다. 익숙지 않은 저희는 몇 차례 키오스크를 눌러보다가 발걸음을 돌렸습니다. 세상에 대한 미묘한 어색함이 흘렀지요.

새로운 문명에 적응하지 못한 안쓰러운 친구들은 바로 옆 카페로 들어갔습니다. 다행히 그곳엔 몇 명의 직원들이 부산하게 움직이고 있었습니다. 안도한 마음으로 직원에게 말을 건넸습니다. "저기, 저⋯⋯." 제 말이 끝나기도 전에 직원은 손가락과 눈빛으로 옆에 있는 키오스크를 가리켰습니다. "네!" 착실하게 대답을 하고, 옆에 있던 동료가 키오스크를 어설프게 눌렀지요. 능숙하지 않은 손놀림 탓에 시간은 자꾸 흘렀고, 뒤로 줄을 선 사람들에게 신경이 쓰였습니다. 더듬거리며 주문을 마치고 잠시 후 진동벨이 울렸습니다. 음료가 나왔으니 가지고 가시라고.

모바일 커피 주문과 드라이브스루, 무인카페, 대형마트의 무인계산대, 음식점의 키오스크 주문, 모바일을 통한 음식점 예약, 로봇 서빙에 이어 결혼식장의 키오스크 축의금까지, 표정도 말도 없는 응대 문화가 우리 사회에 주류로 자리를 잡고 있습니다. 물론 키오스크 산업의 급성장은 경기 침체에 따른 인건비 상승 등 현실적 여건이 촉발한 것이지요. 그럼에도 아무리 경기가 좋아져도 이제는 되돌릴 수 없습니다. 이미 키오스크는 우리의 일상으로 자리를 잡기 시작했으니까요. 앞으로 우리는 키오스크 문화에 더 익숙해질 것이고, 그 영역은 더 빠르게 확대될 것입니다.

두려운 것은, 1년 전만 해도 키오스크 앞에서 버벅대던 저조차도 이제는 익숙해지고 있다는 사실입니다. 키오스크가 너무 비인간적이라고 걱정하던 제가 키오스크에 너무도 편안해졌고, 오히려 비대면을 더 선호하게 되었습니다. 타인과의 관계가 불편해 어딜 가든 시선은 늘 휴대폰 속에 있는, '편리한 고립', '고립의 편리'를 선택하게 된 것입니다.

> 장소가 정체성과 관련되며 관계적이고 역사적인 것으로
> 규정될 수 있다면, 정체성과 관련되지 않고 관계적이지도
> 않으며 역사적인 것으로 정의될 수 없는 공간은 비장소로
> 규정될 것이다.
>
> — 마르크 오제, 『비장소』(아카넷)

인류학자 마르크 오제는 비장소Non-Places, 非場所를 이렇게 정의합니다. '비장소'의 확대는 우리 도시의 가장 큰 변화 중 하나입니다. 대형 프랜차이즈 카페나 쇼핑몰, 공항과 역, 터미널 등이 대표적인 비장소이지요. 저와 제 친구들이 키오스크를 맞닥뜨렸던 작은 카페나 음식점 등도 그렇습니다. 비장소는

잠깐의 수단으로 이용될 뿐 어떤 감정적 유대나 사회적 관계, 문화적 소속감 등이 거의 없는 곳을 말합니다. 비장소는 특정 공간을 넘어서는 사회현상입니다. 비장소가 될 가능성은 우리 사회 어디에나 존재합니다. 수많은 비장소와 우리 스스로 '선택한 익명'은 상호작용하며 도시를 하나의 거대한 비장소로 만들어냅니다.

우리는 표정과 감정 없는 상대와 대화해야만 하는 시대를 살아가고 있습니다. 그곳에는 미소와 인사는 없고 오직 입력과 출력만 존재할 뿐입니다. 인간에 대한 예의가 기계에 대한 예의로 바뀌고 있는 것입니다. 비장소에서는 경험의 기억이 발생하지 않습니다. 키오스크 작동법을 잘 숙지하는 것, 신용카드를 잊지 않는 것 둘을 빼고는 말입니다.

> 경험이 저장되지 않고 곧 잊히면 세상은 항상 낯선 곳이
> 된다. 기억이 사라진 세계는 어느 누구도 익숙하지 않은
> 타인만 존재하는 세상이다. 기억 생성 없이 생존할 수
> 있지만 더 이상 의미 있는 관계는 형성되지 않고 반사적
> 행동으로 매 순간을 살아간다.
> ― 박문호, 『박문호 박사의 뇌과학 공부』(김영사)

박문호 박사는 '경험'에 대해 이렇게 적습니다. 비장소에서는 인간적인 경험들이 저장되지 않습니다. 기억할 거리가 많지도 않지요. 기계의 언어는 얻어도 인간의 언어는 잃고, 속도와 익명은 얻지만 감정과 관계는 잃습니다. 그러나 우리의 도시가 더 이상 문명의 가속화에 무릎을 꿇을 필요는 없습니다. 세태의 주류에 편승하는 것만이 도시의 방향은 아니니까요.

기계와 기술 기반의 문명은 시간이 흐르면 대부분 도시의 주류 문화가 되고 시민들은 거기에 익숙해집니다. 물론 우리가 문명을 부수거나 주류를 해체할 수는 없습니다. 그 대신 좋은 도시는 다른 방식으로 시민들에게 선택할 기회를 줍니다. 세상의 흐름을 넋 놓고 바라보지 않으며, 비장소의 시대에 대안을 만들고 시민들에게 숨 돌릴 시간과 장소를 제공하지요. 감정을 풀어놓을 기회를 만들고 공유할 수 있는 경험의 장으로 시민들을 초대하며 말입니다. 바로 그 출판기념회 날, 또 다른 시민 작가가 발표 자리에 올랐습니다.

"저는 강사를 하고 있어서 늘 바쁜 일정과 스케줄에 쫓겨
다닙니다. 다람쥐 쳇바퀴처럼 계속 똑같은 일정을 살아가고
있었어요. 어느 날 문득 제 인생을 한번 써보고 싶더라고요.

그래서 이 수필 쓰기 프로그램에 등록을 했는데, 이렇게
결과물이 나온 거예요. 처음엔 어떻게 쓸 줄도 모르고 정말
아무것도 몰랐는데, 선생님께서 쓰고 싶은 걸 무엇이든
한번 써보라고 하시더라고요. 글을 쓰면서 저의 마음속에
있던 것을 다 뒤집어봤어요. 알게 모르게 받았던 상처들이
많더라고요. 글을 쓰는 과정에서 그 상처들이 치유가
되었고, 내면에 쌓여 있던 피로와 불안감이 해소되었습니다.
그래서 제 글을 보시는 분들이 저와 함께 추억과 사랑을
느끼면서 우리만의 여행을 했으면 좋겠습니다."

좋은 공공장소에서는 도시의 작은 기적이 종종 일어나곤 합
니다. 도시는 늘 거대한 구조물에서만 기적을 찾지만, 사실 거
대한 구조물은 감탄을 부를지는 몰라도 감동을 선사하기는 어
렵습니다. 도시의 기적은 '감동이 있는 곳'에 있습니다. 좋은
도시는 이 작은 기적을 보잘것없다고 여기지 않습니다. 비장
소가 도시를 엄습하는 감정 상실의 시대에 말입니다. 시간이
흐를수록 우리에게는 더 인간적인 도시가 필요합니다. 발길이
뜸해진 오래된 도서관을 책 쓰는 도서관, 책 만드는 도서관으
로 재생한 이유입니다. 도시 전체 공간으로 볼 때 공공장소는

● 이곳은 전망 좋은 아름다운 숲에 있습니다.
비록 오래되었지만 시민의 장소로 지켜내
길 잘했다는 생각이 듭니다. 공공장소의 가
치가 늘 접근성에만 있는 것은 아니니까요.

몇 개의 작은 점에 불과하지만 그 역할은 결코 작지 않습니다.

도시를 바라보는 패러다임을 바꾼다면 말입니다.

세상에서 가장 흔하지만
가장 위대한 물건

세상에서 가장 흔하지만 가장 위대한 물건. 저는 책을 이렇게 정의합니다. 가끔은 매우 위험한 물건이기도 했습니다. 책은 사유의 결정結晶입니다.

그래서 요즘 제 감사의 대상 중 하나는 안경입니다. 몇 해 전 집중력이 현저히 떨어진 적이 있었습니다. 서류를 보거나 책을 읽을 때, 또 사물을 볼 때도 왠지 몰두한다는 느낌이 들지 않았습니다. 심지어 뇌 사진을 찍기까지 이르렀는데 결국 문제의 원인은 시력이었습니다. 눈이 나빠진 것도 모르고 집중력을 운운하던 어느 날 주민자치센터에 들렀습니다. 인감증명을 떼러 갔는데 테이블에 놓인 어르신용 돋보기가 눈에 띄었습니다. 그저 호기심으로 쓴 돋보기는 저에게 다른 세상을 보여줬습니다. 명징한 몰입이 찾아왔지요. 그 이후로 평소엔 안경을 쓰지 않고 생활하다가도 책을 읽을 때면 안경을 반드시 착용합니다. 안경은 든든하게 집중력을 유지시키며 늘 제 곁을 지켜줍니다.

알베르토 망구엘은 『독서의 역사』에서 13세기 말 안경이 발명이 되기 전, 후 독서가의 변화를 다룹니다. 이 책에서 망구엘은 피렌체의 한 교회에 새겨진 안경 발명가로 추정되는 사람의 명판을 소개합니다. "거기에는 '안경의 발명가'라고 쓰여 있고 '신이여 그의 죄를 용서하소서. A. D. 1317'이라고 덧붙여 있다." 시력이 나빠진 독서가들에게 안경의 발명은 신기원이었습니다. 당시 그 대단한 발명은 현재의 우리에게는 작은 문명의 이기가 되었습니다. 안경은 필요에 따라 제 몸의 일부가 되어줍니다. 몸의 선택적 확장이지요. 책의 역사는 일면 안경의 역사이기도 합니다. 참 고마운 친구입니다.

기술은 인류와 함께 발전하며 때로 위험을 초래하기도 했지만, 대체로 인간의 취약성을 보완하고 편의를 증진시켰습니다. 산업혁명처럼 노동자와 아동들에게 참혹한 위협을 가했던 시기에도 인간은 저항 능력을 통해 그 압제를 벗어날 수 있었지요. 다른 한편에서 그동안 기술은 우리에게 하나의 도구로 다가왔기 때문에 선택의 영역에 있었습니다. 또 점진적으로 발달했기에 인간의 속도로 충분히 통제할 수 있었습니다. 그러나 인터넷, 휴대폰 등 디지털 혁명이 시작되고 얼마 지나지 않아 어느덧 우리는 초거대 AI 세상에 들어왔습니다. 기술의 발전에 몇 차례 감탄할 뿐이었는데, 어느덧 경이롭고도 섬뜩한 문명과 문화가 공기처럼 일상을 에워쌌습니다.

　AI는 하나의 '세계'로 왔습니다. '도구'에 불과했던 안경과는 다르지요. AI는 이미 우리가 상상할 수 없는 일들을 상상할 수 없는 속도로 해내고 있습니다. 그 변화와 한계를 지금의 상식으로는 예측할 수 없습니다. 기술에게 삶의 도구로써 곁을 내어주는 것이야 선택의 문제였습니다. 그러나 개인과 국가, 사회와 기업 등에 강력한 필요를 만들어낸 AI는 단순히 곁을 차지하는 것을 넘어 우리를 그 세계에 가두고 맙니다. 인간의 생각과 육체의 수고, 부담을 엄청나게 덜어줌으로써 당장은 '인간 해방'처럼 느끼게 하면서 말이지요. 경제학자 E. F. 슈마허는 이렇게 말합니다.

　　자연의 성장도 신비롭지만, 이보다 더한 것은 성장을 멈추는
　　자연의 신비로움이다. 자연 세계의 모든 것에는 규모, 속도,

힘의 측면에서 한계가 있다. 그 결과 인간을 포함하는 자연
체계는 자기 균형 능력을 보이면서 스스로를 조절하고
정화하는 움직임을 보여준다. 그러나 기술은 그렇지 않다.

— E. F. 슈마허, 『작은 것이 아름답다』(문예출판사)

우리는 지금 인간을 뛰어넘는 초지능 AI의 도래를 목전에 두고 있습니다. 기술은 스스로 멈추지 않습니다. 슈마허가 말했듯 스스로 멈추는 것은 기술의 본성이 아니니까요. 인간이 통제할 수 없는, 그러나 세상의 강력한 필요를 만들어낸 기술은 절대권력화 될 수밖에 없습니다. 문제는 기술이 자연성도 인간성도 가지고 있지 않다는 것입니다. 이기利器가 될지 위험이 될지를 구분하지도 않고, 멈추지도 않습니다. 결국 중요한 것은, 그 거부할 수 없는 현실 앞에서 우리가 '기술과 어떤 관계를 맺어갈지'에 있습니다.

AI의 시대, 도서관이 더 필요해진 이유

이제 압도하는 AI 세상에서 살아갈 우리가 반드시 지켜야 할 영역이 있습니다. 바로 '인간다움'입니다. '어디까지가 인간인

가.' 우리에겐 AI와 함께 바꿔가야 할 부분도, AI에 맞서 반드시 지켜내야 할 부분도 있습니다. 이 판단의 정도를 결정하는 것이 인간의 사유입니다. 그러나 이 사유에서마저도 AI는 스멀스멀 그 자리를 차지하고 있습니다. 우리가 알아차리지 못하는 사이 어느 새인가 사유하지 않는 시대, 사유가 필요 없는 시대가 오고 있습니다. 사유가 억압당하거나 필요 없다는 것은, 다시 말해 전체성이 시대를 지배하고 있음을 의미합니다. 사유의 진정한 가치는 '유지'와 '전복'에 있습니다. 사유의 결과로 지식이 생산되고, 질문으로서 전복의 근거를 얻습니다. 인간을 지켜내는 판단은 지식으로부터 그 근거가 오고, 인간 존재를 향한 시대적 근심은 질문을 통해 방향을 비춰냅니다. 이 근심이 해소되면 질문이 멈추지만, 해소되지 않고 쌓여가면 전복에 이르게 됩니다. 생물학적 진화의 역사를 빼면 인간의 역사는 사유의 역사였고, 사유의 역사는 곧 지식과 질문의 역사였습니다.

오래전에는 우리 곁에 늘 선지자가 있었습니다. 그러나 이제 우리는 선지자가 없는 시대에 살고 있습니다. 선지자는 '사유하는 자'입니다. '먼저 아는 자'가 아니라 '중요한 것을 아는 자'이지요. 사유는 시대를 찬양하지 않고 걱정합니다. 찬양하는 것은 가볍고 흥분된 상태지만, 걱정하는 것은 무겁고 예민

한 상태입니다. 선지자는 무겁고 예민하게 내려앉아 세상을 찬찬히 보고 공기의 흐름을 읽어냅니다. 인간과 시대가 무너지기 전에 지켜야 할 것과 전복해야 할 것을 구분해 내지요. 그러면서 선지자들은 '인간의 삶에서 지켜가야 할 것과 전복해야 할 것'을 끊임없이 경고하고 설파했습니다. 사람들의 외면 속에서도 한결같이 삶의 방향에 관해 끊임없이 권면하고 독려했지요. 그렇게 우리를 자각하게 만들었고, 이 자각은 우리를 다른 삶의 국면으로 안내했습니다. 그러나 시대의 선지자들은 모두 떠났습니다. 지금은 아무도 유지와 전복의 가치를 말해주지 않습니다.

이제 선지자들이 떠난 자리에 사유의 결정인 '책'만이 남아 있습니다. 그러나 책이 선지자가 될지, 그저 지루한 종이 뭉치로 남을지는 우리에게 달려 있습니다. 우리가 다가가지 않으면 책은 먼저 다가와 삶의 방향에 관해 끊임없이 권면하거나 독려하지 않습니다. 다만 가까이에서 변함없이 우리를 기다리지요. 책은 인류의 역사상 가장 위험한 물건이기도 했습니다. 인간과 시대를 억누르고자 했던 절대권력에게 인간의 사유의 다양성은 가장 큰 위협이었으니까요. 움직이지도, 말을 할 수도, 무기를 가질 수도 없는 책이 불태워지곤 했던 이유입니다. 우리가 선지자가 될 수는 없습니다. 그러나 사유하는 삶을 살 수는 있습니다. 내 곁에 세상에서 가장 흔하지만 가장 위대한 물건, 책이 있기 때문입니다.

선지자들의 사유의 결정을 모으고 지켜내는 곳이 바로 도서관입니다. 책을 읽지 않는 시대, 도서관은 우리 시대 선지자들의 최후의 처소입니다. 초권능의 AI 시대, 우리에게 도서관이 더 필요해진 이유입니다.

PART 3

도시의 마음

우리가 지은 것은
도서관이 아닙니다

공공장소는 한 시대를
가장 의미 있게 상징한다

: 연화정도서관

"오늘 우리는 가장 한국적인 아름다움이 깃든 도서관을

개관합니다. 연화정도서관은 한국의 아름다움을 주제로 한

도서관입니다. 덕진공원은 오랫동안 시민들과 관광객들의

사랑을 받은 곳입니다. 이곳은 한옥마을 다음으로 많은

분들이 찾는 곳이기도 합니다. 그래서 고민이 깊었습니다.

우리는 이곳을 잘 이용하기만 한다면 많은 돈을 벌 수

있습니다. 이곳에 관광 상품을 파는 특산품 판매장을

만들 수도 있고, 전보다 훨씬 더 좋은 카페나 편의점을

들일 수도 있습니다. 전망대를 만들고, 공연장을 만들어

입장료 수입도 벌어들일 수 있습니다. 그러나 우리는 책을

선택했습니다. 사람의 길을, 도시의 길을 책에서 찾을 수

있다고 믿기 때문입니다. 이렇게 아름다운 곳에 책의 도시

전주의 정체성과 지향성을 담습니다. 이곳은 시민들의

삶의 실재이자 가장 전주다운 상징이 될 것입니다. 훗날

연화정도서관은 시대를 상징하고 시민들의 새로운 취향을

만들어낸 대표적인 공공장소로 기억될 것입니다."

2022년 6월 연화정도서관 개관식에서 시민들께 드린 말씀
입니다. 그날은 도서관을 둘러보며 시민들에게 가장 많은 질

문을 받은 날이기도 합니다. '어떻게 이곳에 도서관을 짓기로 했냐'부터 도서관의 책과 소품, '연화루를 실내로 한 것'까지 많이 궁금해하셨습니다.

덕진공원은 전주의 대표적인 관광지입니다. 시민들과 관광객들의 수없이 많은 추억이 그곳에 쌓여 있지요. 이 한가운데에 무엇을 들여야 할지 고민이 많았습니다. 연화정도서관이 들어서기 전 이 자리에는 콘크리트로 지은 팔각정이 있었습니다. 1층은 편의점, 2층은 카페, 3층은 전망대 겸 전시실로 활용되었지요. 컵라면과 아이스크림, 뻥튀기, 각종 음료와 과자, 커피 등 관광지 먹거리들을 팔아 주변에 카페 등이 생기기 전까지는 관광 특수를 톡톡히 누렸습니다. 연꽃이 한창일 때는 전국의 사진작가들이 몰렸습니다.

이렇듯 시민들의 즐거운 추억이 쌓인 이곳을 무엇으로 채워야 할까 고민을 거듭했습니다. 모두들 원래 있었던 기능을 살린 한옥 카페를 예상했습니다. 특산품 판매장이나 전시 시설 등 다른 요청들도 있었습니다. 물론 이곳을 단순히 건물로만 보면 결정이 쉬워지겠지요. 유명 브랜드의 편의점이나 카페를 입점시킨다면 시민들이 훨씬 더 반가워할 수도 있습니다. 그렇지만 이곳은 단순한 건물이 아니라 유서 깊은 역사를 가진 장소이자 수십 년간 시민들이 가장 사랑한 장소 중 하나였습니다. 각종 축제가 열리고 시민들과 관광객들의 추억이 쌓인 장소, 곧 우리가 물려받은 유산입니다. 이곳을 '유산'의 관점으로 보면 다른 차원의 일을 생각하게 됩니다.

물려받았고 물려줘야 한다는 인식은 우리에게 진지함과 책임감을 부여합니다. '시민들의 사랑을 받아온 덕진공원의 이 장소는 어떤 공공의 목적과 의미를 가질까?' 그렇게 연화정도서관은 '유산'의 관점에서 시작되었습니다. 관점에 따라 고민의 지점도 달라졌지요. '기존에는 편의점이 있던 장소를, 도시의 미래로 열어놓기 위해 우리는 어떤 결정을 해야 하는가.' 고민의 층위를 달리하면 시야는 더 높고 넓어집니다. 도시로, 그리고 시민의 삶으로 확장하면 소명도 더 무거워집니다. 그렇게 연화정도서관은 유산의 관점으로 지어졌고, 유산의 관점으로 물려집니다.

아름다움을 누릴 공적 권리

제주 올레길을 걷던 2022년 어느 여름날은 분홍빛의 꽃 파

- 시민들은 아름다움을 누릴 공적 권리, 감동할 권리가 있습니다. 감동의 기회가 줄면 감동의 감각도 무뎌집니다. 좋은 도시는 시민들이 일상에서 아름다움을 누릴 삶의 조건을 만들어줍니다.

도가 초록 바다를 가득 채웠습니다. 문득 연화정도서관이 생각났습니다. 전주의 한 지인이 통화 중에 웃으며 제게 이렇게 이야기했었지요.

"요즘 우리 전주는 연꽃을 보며 도서관에서 책 읽는 게 유행이네요. 연화정도서관에서 말이에요."

며칠 뒤, 비행기를 타고 설레는 마음으로 연화정도서관을 찾았습니다. 초록 호수를 가득 채운 분홍의 연꽃들, 그 연꽃의 바다 위에 떠 있는 한옥…… 연꽃과 한옥은 하나의 생명처럼 보였습니다. 함께 움직이고 함께 숨 쉬는 경계 없는 연결, 하나의 물성처럼 느껴졌습니다. 연꽃의 바다와 한옥, 책, 그리고 사람들 모두가 이음새 없이도 조화롭게 어울렸습니다.

이 장소의 모든 것이 이루는 조화는 사람의 손에서 벗어나 있습니다. 마치 스스로 찾아와 자기 자리를 잡은 듯 하나의 자연으로 느껴집니다. 책에 집중하다 문득 창밖을 바라보는 시민들의 뒷모습이 보입니다. 자연을 응시하는 움직임 없는 뒷모습에 고요한 감동이 깃들어 있습니다. 책들이 창과 문살 사이로 빛을 끌어당깁니다. 고된 헌신이 만들어낸 지극한 기품이 책과 풍경 사이에서 기분 좋은 긴장을 만들어냅니다.

나를 감동시키는 외관이 정말로 아름다운지는 형태 자체로 판단하기 어렵다. 아름다움이라는 느낌이 속한 감정의 깊이는 형태로 촉발되지 않고 그 형태에서 나온 생명력에 의해 촉발되기 때문이다.

- 페터 춤토르, 『페터춤토르 건축을 생각하다』(나무생각)

건축가 페터 춤토르는 이렇게 말합니다. 연화정도서관의 극적인 아름다움 역시 그 생명력으로부터 촉발됩니다. 생명력은 움직이는 파동을 생성하고 차츰 더 넓게 전달됩니다. 도서관을 구성하는 모든 것들, 주위를 둘러싼 자연은 각각 하나의 개체로 또는 전체로 생명력을 갖습니다. 사람들은 각기 자신이 느끼는 파동의 각도와 강도에 따라 다른 아름다움을 느낍니다. 파동은 잔잔하게, 때로는 강렬하게 우리의 무뎌진 감정들을 자극합니다. 아름다움은 감동을 주고 삶을 고양시키지요. '공공장소의 아름다움'에 대해 생각해 봅니다. 자본이 추구하는 아름다움의 끝에는 물건이 있지만, 공공이 추구하는 아름다움의 끝에는 사람이 있습니다. 시민들에게는 아름다움을 누릴 권리가 있습니다.

2024년 9월 어느 토요일 아침, 덕진공원에 장애인부모회 엄마들과 발달장애를 가진 아이들이 산책을 나왔습니다. 삼십여 명가량 엄마들과 아이들의 들뜬 웃음과 대화, 장난기가 공원에 가득합니다. 그토록 기다리던 하루가 온 것입니다. 한 달에 한 번씩 걷기를 통해 바깥바람도 쐬고 자연을 통해 치유하는 프로그램입니다. 더위를 피해 일찍부터 걷다가 연화정도서관에 도착했는데 아직은 문을 열 시간이 아니었나 봅니다. 잠긴 문 사이로 안을 들여다보니 직원이 보입니다. 한 엄마가 어찌할까 망설이다가 노크를 하자 직원이 다가옵니다. 엄마는 협상력을 발휘합니다. 이윽고 활짝 문이 열리고 신난 아이들과 엄마들이 도서관으로 들어섭니다. 이른 시간이라서 방문객이 없는 도서관은 엄마들과 아이들의 독차지입니다. 감탄이 쏟아집니다. 사진도 마음껏 찍고 시끌벅적하게 여기저기 둘러봅니다. 엄마들도 신이 났습니다.

"와, 진짜 좋네요. 정말로 대접받는 느낌이에요. 애들 덕분에 이런 호사를 누리네요."

시민 누구나 감동할 수 있는 권리가 있습니다. 그 조건 없는 공적 권리를 찾을 수 있는 곳이 바로 공공장소입니다. 몇 개월 후 아이와 함께 도서관에 갔던 한 엄마를 마주쳤습니다. 엄마의 말이 아직도 잊히지 않습니다.

"시장님, 발달장애 자녀가 있는 가족이 가장 가고 싶은 곳이 도서관입니다. 하지만 우리에게 가장 먼 곳이 도서관이기도 합니다."

도시의 아름다움을 시민들이 만끽했으면 좋겠습니다. 도시의 가장 아름다운 장소는 상업적 개발보다는 시민들에게 공적으로 돌려드리는 게 맞습니다. 한 도시가 그 도시의 가장 아름다운 장소를 시민들에게 내어줄 때, 시민들의 삶의 품격도 살아납니다. 그것이 아름다움을 누릴 시민들의 공적 권리이기 때문입니다.

오래된 것들은 견뎌온 만큼 오래갑니다. 수백 년 된 건축물이나 문학작품들이 여전히 우리의 사랑을 받으며 버티고 있지요. 그것이 고전이 가진 내구성입니다. 건축의 고전은 자기 고유의 견디는 힘뿐만 아니라 인간의 보수 기술과 더불어 시간을 이겨냅니다. 그런가 하면 인문의 고전은 수백 년을 이어가며 시대에 영감을 주고 끊임없이 다른 해석을 함축해 냅니다. 통찰의 원형이 자리 잡고 있기 때문입니다. 이 지속성이야말로 인류가 만들어낸 위대한 유산 중 하나입니다.

우리가 인류 최초의 도서관을 이집트 알렉산드리아 도서관

이라 인정한다면, 도서관의 역사는 2000년이 넘었습니다. 책의 역사는 이집트의 파피루스나 메소포타미아의 점토판까지 간다면 5000년이 넘었지요. 잘 관리된 한옥 역시 수백 년을 지켜냅니다. 연화정도서관은 다가올 수백 년의 역사를 시작했습니다. 자연과 책, 연꽃과 한옥, 책 읽는 시민들은 함께 새로운 유산의 역사를 시작한 것입니다. 연화정도서관은 편의점과

카페를 뒤로하고 새롭게 '도시의 미래'를 열어놓은 공공장소입니다. 들일 수 있는 것이 수도 없이 많았지만 전주는 책과 도서관을 선택했습니다.

공공장소를 보면 그 시대는 어떤 가치를 추구했는지, 시민들은 어떤 삶을 살고자 했는지를 알 수 있습니다. 공공장소는 한 시대를 가장 의미 있게 상징합니다.

공공장소는 자기 입장을 밝혀야 한다

: 책기둥도서관

정치가 시민들의 일상으로 들어가는 방법 중 하나가 바로 건축입니다. 콘텐츠보다는 건물의 형태를 통해 그 도시를 상징하고자 하지요. 그래서 한 도시의 시청사는 다분히 정치적입니다. 도청사, 구청사, 군청사도 마찬가지입니다. 도시를 상징할 뿐만 아니라 시민들의 관심이나 기대, 호기심을 불러일으키려 하기 때문입니다. 설령 정치적 의도가 없다 할지라도 '정치적 의도가 없는' 그 자체가 역시 정치적 결정입니다. 공공청사는 '공적인 자기 입장'이 있어야 합니다.

시청사는 공무원들이 일하는 공간 그 이상입니다. 시민들과의 관계를 통해 도시를 함께 만들어가는 공간이자 도시를 기획하고 실행해 나가는 지점이며, 도시의 이해관계와 가치가 눈에 띄는 삶의 현장입니다. 또 국내는 물론이고 세계 도시들과 교류하는 도시 외교의 가장 중요한 현장이기도 합니다. 시청사가 말하는 자기 입장은 주로 상징을 통해 드러납니다. 상징은 한 도시가 시민들 그리고 외부인들과 대화하는 일종의 프로토콜입니다. 그래서 거의 모든 시청사는 무언가를 상징하고 싶어 합니다. 건축 설계 시 상징을 담지 않는 공공건축은 없습니다.

우리는 늘 건축 설계회사의 프레젠테이션을 통해 그럴듯한 상징을 듣습니다. 조감도가 나올 때나 혹은 준공 즈음부터 언론이나 홍보 책자, SNS 등을 통해 그 의미를 홍보하고, 준공식이나 개청식에 이르면 홍보가 최고조에 이르지요. 그러나 시간이 지나면 형태가 주는 상징은 점점 희미해집니다. 상징하려고 했던 처음의 의도는 사라지고 난해한 기호만 남습니다. 안타깝게도 세월이 흐르면 모두의 관심에서 멀어집니다. 설계 당시에 담으려 했던 상징의 의도를 찾으려면 어딘가의 서류를 뒤적여야만 합니다. 결국 대다수의 공공청사에는 '공무원들이 일하는 공간'이라는 가장 기초적인 기능만 남곤 합니다. 도시의 마음이 전달되지 않는 상징, 시민들을 설득할 수 없는 상징은 도시의 허상으로 남을 수밖에 없습니다.

공공장소의 인상은 도시의 두 번째 언어다

오래된 도시들이 성장하면서 공공청사는 그 도시의 현대화의 상징이었습니다. 도시의 구경거리였고, 시민들의 자부심이기도 했습니다. 1983년에 지어진 전주시청사도 마찬가지였습니다. 전주시청은 구도심이 한창 위세를 떨치던 시기, 도심 한

가운데에 자리했습니다. 포스트모더니즘의 영향으로 당시에는 난해하기도 하고 한편으로는 현대적이기도 한 설계로 많은 주목을 받았습니다. 지하 1층, 지상 8층 건물의 시청사는 당시만 해도 전주를 대표하는 웅장한 건물이었습니다. 물론 지금은 인구가 늘고 도시가 팽창하면서 사무실이 부족해진 실정입니다. 건물 중간에 한옥 지붕을 올리면서 충분한 업무 공간을 확보하지 못한 탓도 있지요. 한편 전주시청사의 1층은 다른 공공청사와 마찬가지로 시민들과 함께 사용하는 공유 공간입니다.

2014년 제가 시장으로 취임하던 시기, 시민의 공간이 되어야 할 전주시청 로비는 다소 충격적으로 낡은 모습이었습니다. 검소함일까 생각해 보기도 했지만 그렇게 말하기엔 왠지 개운치 않았습니다. 영혼 없는 콘크리트 박스처럼 휑하다 못해 남루했지요. 냉난방에 취약한 얇은 유리벽, 찌그러진 창호, 로비에 낮게 깔려 흐르는 화장실 냄새, 불규칙하게 내려앉은 천장, 감시 카메라까지······. 공공장소로서 물리적 한계에 이르렀던 것입니다.

공공은 서서히 낡아가는 것을 알아차리지 못합니다. 물리적이거나 정책적인 것을 막론해서 말입니다. 느리게 오는 변화에 둔감하지요. 낡은 것이야말로 새로운 기회인, 그래서 현재의 것조차도 낡게 만드는 기발함이 있는 자본과는 다릅니다. 그러나 낡은 것을 알아차리지 못하면 새로운 것도 시작할 수 없습니다. 공공청사의 물리적 한계는 물리적인 데 있지 않습니다. 바로 시민들을 생각하는 도시의 마음에 있는 것입니다.

시청사는 시민들에게 두 가지 입장을 밝혀야 합니다. 첫째는 시민을 대하는 마음입니다. 시청은 시민을 위한 정책들을 기획하고 실행하는 곳입니다. 하지만 경험의 장소로서의 시청 또한 정책 못지 않게 시민들을 향한 도시의 태도를 결정적으로 드러나게 하지요. 도시의 대표적인 공공장소이기 때문입니다. 그렇다면 우리의 시청사에는 시민들을 따뜻하게 맞이하고 초대하는 마음이 담겨 있는 걸까요. 시민들은 도시의 태도를 통해 시민으로서 자신의 존재를 확인합니다. 시민들이 도시에서 자신의 위치를 확인할 수 있을 때 비로소 도시에 대한 애정도, 책임감도 살아납니다.

두 번째는 도시의 지향입니다. 시청사의 상징이 시민들에게 전달되지 않으면 상징은 허상에 그치고 맙니다. 어떤 상징은 그저 멋지다는 이유로 가끔 관광용 사진 찍기에 활용되기도 합니다. 하지만 진정한 상징은 '우리 도시는 어디로부터 와서 어디로 가는가' 그 길을 묻고 함께 가자는 제안입니다.

우리 모두에게 고유의 인상이 있듯 공공장소도 그 장소만의 인상이 있습니다. 인상이란 '어떤 대상을 보거나 들을 때 그것이 사람의 마음에 주는 느낌이나 그 작용'입니다. 사람과 사람, 사람과 장소, 사람과 도시는 서로 인상을 주고받으며 살아갑니다. 좋은 인상은 좋은 관계를 맺게 하지요. 그러나 좋은 인상을 갖는 건 쉽지 않습니다. 인상은 새겨지는 것이므로 긴 시간이 필요합니다. 명품 옷이나 비싼 시계가 인상을 결정하지 않지요. 마음이 표정을 만들고, 표정은 인상을 만듭니다. 결국 좋은 마음이 좋은 표정을 만들고, 좋은 표정이 쌓여 좋은 인상을 만들어내는 것입니다. 인상은 그렇게 켜켜이 쌓여서 만들어지기에, 쉽게 바꾸거나 빠르게 만들어낼 수 있는 표정과는 다릅니다. 인상은 말보다 더 앞서 말하고 때론 말보다 더 깊고 묵직하기도 하지요. 말은 가벼워서 다른 단어로 쉽게 치환되지만 마음이 축적되어 만들어진 인상은 금세 변하지 않으니까요. 좋은 인상에는 한 번의 마음과 표정이 아니라 한결같은 시간의 자리가 놓여 있습니다.

공공장소는 인상을 통해 시민들에게 도시의 마음을 전합니다. '우리는 당신을 존중합니다. 여기가 시민을 위한 좋은 집입니다.' 그렇게 공공장소의 인상이 바뀌면 시민들과의 기분 좋은 대화가 시작됩니다. 영혼 없는 장소에 생명이 부여되는 순간입니다. 비로소 도시가 '사람을 담는 그릇'으로 태어나는 것이지요.

그래서 공공장소를 시민들의 삶을 위한 장소로 혁신하고 싶다면, 가장 먼저 필요한 것은 '사회적 마음'입니다. 혁신을 외치고 혁신의 방법을 아무리 찾아도 마음이 없으면 뜻을 이룰 수 없고, 좋은 인상도 생겨나지 않습니다. 특히 공공장소는 더 그렇습니다. 사회적 마음을 챙기지 않으면 돈 좀 들인, 그러나 금세 낡아버리는 인테리어에 그치고 맙니다. 도시의 마음이 와닿을 때 시민들의 마음도 움직입니다. 공공장소의 혁신은 도시의 인상을 바꾸는 데 있습니다. 공공장소의 인상부터 바뀌어야 시민들도 비로소 도시에게 마음을 엽니다.

시청은 어떻게 도서관이 되었나

'영혼 없는 콘크리트 박스에 뭘 담아야 할까?' 상징은 역사로부터 솟아나 미래로 흘러야 합니다. 8년간의 시장 임기 내내 '전주를 더 전주답게', 즉 전주다움을 찾고자 했는데, 그 일환 중 하나가 바로 '책의 도시'였습니다. 전주는 고려와 조선시대 내내 기록의 핵심 매체인 한지의 중요한 산지였습니다. 또한 조선시대를 통틀어 전국에서 가장 많은 책을 출판했던 대표적인 지식 도시이자 출판문화 도시였지요. 그 유산으로부터 솟은 도시를 우리 도시의 미래로 연결시키는 계획이 '책이 삶이 되는 책의 도시 전주'였습니다. 그리고 책의 도시를 만들기 위한 구상 중 하나가 바로 '책기둥도서관'입니다. 책기둥도서관은 책의 힘, 인문의 힘으로 시민들의 삶과 도시를 지탱한다는 상징을 담고 있습니다. 책이 우리 삶의 기둥이 될 수 있다는 확신입니다. 시청사 로비를 도서관으로 혁신해 우리 도시의 마음과 도시의 지향을 시민들에게 전하겠다고 구상한 것입니다.

책기둥도서관을 구상하며 가장 먼저 해야 한 일은 역시 간부나 직원들의 인식을 바꾸는 것이었습니다. 시청 내부가 설득되지 않으면 형식적으로 일이야 하겠지만 그 이상의 성과를 거둘 수 없으니까요. 그 누구도 시청 로비를 도서관으로 바꾼다는 걸 상상하지 못했습니다. 상상하지 않았다면 누구나 당황하기 마련이지요. 더구나 내가 책임지고 해야 할 일이라면 부담스럽기까지 합니다.

공공은 본능적으로 성공의 기쁨과 자부심보다는 실패의 책임과 두려움을 먼저 생각하고, 여기서 늘 마찰이 일어납니다. '우리가 정말 잘해낼 수 있을까?' 직원 자신 내부로부터, 또 '이 일을 우리가 해야 하나?' 다른 부서와 충돌이 일어나지요. 그래서 공직 사회가 늘 찾는 것은 '선례'입니다. 선례가 있다면 책임도 부담도 반감되기 때문입니다. 선례를 참고해서 그림을 그리고 조금 더 개선할 수도 있겠지요.

그러나 선례를 찾기 힘든, 공공 청사 로비를 도서관으로 바꾸는 데는 선뜻 동의하지 않았습니다. 북 카페 정도라면 이해하겠지만 본격적인 도서관을 만드는 것은 어렵다며 많은 이들이 난색을 표했습니다. 반대도 많고 이견도 분분했습니다. 시청 로비에는 그 도시의 주요 산업과 특산품, 행정구역 지도, 경치 좋은 사진 등을 전시하는 게 일반적입니다. 또 연말이나 명절 때면 나눔 장터도 열리고 때로는 로비에서 집회와 시위도 있는데, 그 공간에 도서관을 만든다는 것은 영 탐탁지 않은 일이었습니다. 수십 년 동안 특별한 일이 없으면 개방하지 않았던 주말에 시청을 개방해야 한다는 부담도 있었습니다. 휴일에 사서도 배치해야 하고, 청사를 관리하는 부서와 도서관

부서의 업무가 겹쳐 있어 업무 분장도 쉽지 않다고 말했습니다. 예상했던 일이었습니다. 직원들의 눈빛이 읽혔습니다.

'지금까지 시청 로비에 대해 불만을 이야기한 사람은 아무도 없었는데요. 또 특별히 뭔가를 해달라고 요구한 시민도 없었고요. 근데 웬걸, 도서관이라니요.'

처음 몇몇 간부들에게 방향을 설명하는 과정에서 단단한 벽이 느껴졌습니다. 하지만 시간이 흐르면서 직원들의 표정이 조금씩 밝아졌습니다. 간부와 직원들과 상의하는 기회가 늘어나고 자유롭게 의견을 주고받으며, 직원들이 마음으로 받아들이고 있다는 느낌이 왔지요. 어느덧 시청사를 관리하는 부서 직원들도, 도서관 직원들도 눈빛이 달라졌습니다. 온전한 '나의 일'이 시작되었고 부서 간에 협업도 이루어졌습니다.

그러던 중 최초로 책기둥도서관 설계도가 나왔습니다. 천장을 떠받치고 있는 네 개의 기둥이 설계에 가장 큰 걸림돌이었습니다. 이 기둥을 잘 처리하지 못하면 좁은 공간이 더 답답해질 게 분명했습니다. 그래서 최초 설계에서는 네 기둥에 반사 필름을 입혀 답답함을 해소하려 했습니다.

그런데 보고를 받으며, 불현듯 네 개의 기둥이 방해 요소가 아니라 오히려 핵심적인 요소가 될 수 있겠다는 생각이 들었

이곳은 한때 시청의 휑한 로비였습니다.

그곳이 이제 시민들을 위한 도서관이 되었고,

건물을 지탱하던 네 개의 콘크리트 기둥은

시민들의 삶을 지탱하는

네 개의 책기둥이 되었습니다.

습니다. 몇 해 전 방문했던 스웨덴의 도시 말뫼Malmö시가 떠오른 것이었습니다. 말뫼는 20세기 말 중심 산업이었던 중공업의 쇠퇴와 함께 도시 역시 쇠락했지만, 다시 친환경 도시로 거듭나는 인상적인 역사를 쓴 곳입니다. 더불어 감동을 받았던 곳이 말뫼 시립도서관이었습니다. 이 도서관은 신관과 구관이 연결되어 있는데, 신관은 덴마크 건축가 헤닝 라슨Heening Larsen에 의해 1997년 신축되었습니다. 신관의 이름이 '빛의 달력'이었는데, 그 이름에서 기대하듯 4층 높이의 거대한 통유리 창으로 빛이 쏟아졌습니다. 통유리 창은 벽의 경계를 없앤 듯 싱그러운 자연을 있는 그대로 받아들였습니다. 숲처럼 상쾌하고 평온했지요. 당시 그 광경을 보며 재미있는 생각을 했습니다. 도서관 내부에 건물을 지지하는 네 개의 하얀 기둥이 있었는데, '저 기둥을 책으로 가득 찬 '책기둥'으로 했으면 어땠을까' 오락가락 막연한 몽상으로 들떴었지요.

그 막연하고도 들뜬 몽상이 오늘날 책기둥도서관에 반영되었습니다. 직원들의 열정이 살아나면서 휑한 로비의 모습이 조금씩 달라졌습니다. 공사 중에 몇 차례나 서가를 다시 뜯어내는 대수선이 있었고, 어느 날은 천장 스프링클러 수도관이 파열돼 물난리를 겪기도 했습니다. 그렇게 영혼 없던 콘크리

트 박스는 어느덧 시민들에게 사랑받는 도서관이 되었습니다.

가장 빛나는 부분은 도서 큐레이션입니다. 무심하고 차갑게 서 있던 네 개의 기둥은 '시민 서가' 등 네 개 주제의 책기둥으로 다시 태어났습니다. 더위와 추위에 힘겨워하던 창은 '생일 서가'가, 계단 벽면은 '전주 서가'가 되었습니다. 2층은 동네 책방들과의 협업 공간입니다. 동네 책방들의 개성 있는 큐레이션이 자기만의 색깔로 시민들을 기다립니다. 또 이곳에서는 작가들의 강연도 열립니다.

책기둥도서관이 완성되면서 시청의 인상도 몰라보게 달라졌습니다. 도시의 마음이 전해지기 시작한 겁니다. 시민들과의 대화가 이루어지고, 기분 좋은 사회적 관계가 시작되었습니다. 시청사가 시민들에게 인상이라는 두 번째 언어로 말을 겁니다.

"우리 도시는 시민들을 존중하고 사랑합니다. 전주는 책으로부터 왔고 다시 책의 시대를 열어갑니다."

책기둥도서관 2층에 한 시민이 메모를 남기고 가셨습니다. 난간에 작은 나무집게로 매달린 엽서가 정겹습니다.

'전주 책 기둥도서관…… 우리 집 앞으로 들튀하고 싶당.'

시민들이 시청으로 놀러옵니다. 나의 집처럼, 나의 서재처럼, 나의 놀이터처럼.

저널리스트 페터 하프너와의 인터뷰에서 지그문트 바우만
은 이렇게 말합니다.

> 현재의 생활 조건이 우리를 짓누르고, 우리는 이러한 생활
> 조건을 아는데, 우리가 어떻게 의식적으로 역사를 만들 수
> 있는가? 이것이 우리 존재의 비밀이죠.
> － 페터 하프너, 『익숙한 것을 낯설게 바라보기』(마르코폴로)

바우만이 말하듯 우리 존재는 참 신비롭습니다. 할 수 없는
이유와 상황이 도처에 널려 있는데도 새로운 역사를 만들어내
니까요. 인간은 중력을 거스르는 존재입니다. 만물이 중력에
구속되지만, 인간의 상상력과 용기는 중력을 뚫고 미래로 떠
오릅니다. 저는 도서관을 만들어가며 비로소 알게 되었습니
다. 우리 존재의 비밀은 그렇게 비밀스러운 것이 아니었습니
다. 우리 존재의 비밀은 바로 우리의 마음속에 있던 것이었습
니다.

아이들을
도시의 창조자로 키우고 싶다면

: 야호 책놀이터

책기둥도서관 1층에는 아이들을 위한 책놀이터가 있습니다. 노란색 큰 글씨로 표시된 '야호 책놀이터'입니다. 이곳은 '아이들은 시민으로 존중받고 있는가'라는 질문으로부터 시작되었습니다. 그리고 그 질문에 조응하는 질문이 바로 '어떻게 존중받아야 하는가'였지요. 전주의 놀이터는 아이들의 삶을 위한 질문에 질문을 거듭하며 정립된 도시의 관점입니다. 재임 기간 중 진행된 놀이터 정책은 아이들을 시민으로 존중하는 도시의 마음에서 비롯되었습니다.

놀이터는 아이들이 '노는' 공공장소입니다. '놀이'는 세 가지 방향이었는데, 책으로 노는 책놀이터, 자연과 노는 생태놀이터, 예술로 노는 예술놀이터가 그것이었습니다. 책과 자연, 예술이 아이들에게 교육으로 접근하는 것이 아니라 놀이로 다가갈 수 있도록 도시의 방향을 전환한 것입니다. 방향을 전환하니 가장 먼저 변한 것은 아이들의 표정이었습니다. 아이들이 먼저 다가옵니다. 놀이터는 도시가 아이들의 '노는 삶'을 응원하고 놀이를 통해 아이들의 창의성을 깨우는, 핵심적인 삶의 조건입니다.

놀이의 가치는 삶의 가치다

아이들의 생활을 공간으로 구분해 보면 대체로 집, 학교, 학원, 그리고 도시로 나눠집니다. 집과 학교와 학원이라는 안쪽 세상을 벗어나면 아이들은 대부분 밖에서 놀게 됩니다. 도시가 아이들의 집과 학교, 학원의 시간에 직접적으로 개입하기는 어렵지요. 하지만 아이들의 '바깥세상'은 우리 도시의 몫입니다. 그리고 바깥 생활의 가장 소중한 가치는 '놀이'입니다. 아이들은 노는 것만큼은 포기할 수 없으니까요.

그렇다면 우리 도시는 아이들에게 좋은 놀이를, 좋은 놀이 터를 제공해 주고 있을까요? 아이들의 '좋은 놀이의 조건'을 만 드는 것은 어쩌면 어른들의 시선을 버리는 데서부터 시작해야 할지도 모릅니다.

> 프랑스의 어른이 어린아이를 또 다른 자기 자신으로
> 여긴다는 것을 보여주는 데 프랑스 장난감보다 더 좋은 예는
> 없다. 흔히 볼 수 있는 장난감들은 본질적으로 어른 세계의
> 축소이다.
>
> — 롤랑 바르트, 『현대의 신화』(동문선)

롤랑 바르트가 70여 년 전에 쓴 이 책은 여전히 현재를 반영 하고 있습니다. '어른이 어린아이를 또 다른 자기 자신으로 여 긴다'는 것은 어른의 시선을 아이들에게 그대로 투영시킨다는 뜻입니다. 그렇기에 어른들이 만들어낸 장난감들, 즉, 군대, 학교, 병원 등은 어른들의 사회적 역할 놀이에 그치지요. 도시 속 아이들의 놀이터도 별반 다르지 않습니다. 놀이터에도 어 른들의 선호가 개입되어 있습니다. 어른들이 보기에 안전하고 쾌적한 놀이터, 어른들이 생각하기에 즐거운 놀이 형태와 색

상 그리고 재질로 만들어지니까요. 어른들의 선택이 도시 속 아이들의 삶을 제한하고 규정하는 것입니다.

그 예로, 우리 주변에는 강화플라스틱으로 성형된 안전한 미끄럼틀 놀이터가 많습니다. 단순하고 알록달록한 색깔로 정형화된 놀이터, 어른들이 만든 놀이터입니다. 흙으로 된 바닥과 모래 놀이터를 없애고 전체를 푹신한 탄성 포장으로 바꾸는 도시도 많습니다. 아이들이 집에 들어올 때 흙이나 모래를 묻혀 오지 않으면 더더욱 좋으니까요. 부모들이 강화플라스틱으로 된 놀이터를 좋아하는 것은, 아이들이 더 흥미진진하게 놀 수 있기 때문이 아니라 아이들의 안전에 덜 신경 써도 되기 때문입니다.

그러나 정형화된 놀이터에 몸을 맡기는 순간 아이들은 생각도 함께 맡기게 됩니다. 너무 안전한 놀이터에서 아이들은 자신의 한계를 시험하지 않습니다. 더 높은 수준의 난이도가 있어야 도전 정신도 모험심도 생기기 마련인데, 지금의 놀이터는 기계적인 반복만이 있을 뿐이지요. 너무 손쉬운 환경이니 아이들은 친구들과 도움을 주고받지 않습니다. 자연히 친구를 도와 우정을 쌓을 기회도 없습니다. 도심 한가운데 놀이터에서 자연을 볼 수도, 배울 수도, 체험할 수도 없지요. 결국 이렇게 정형화된 플라스틱 놀이터에서는 아이들이 '도시의 사용자'로만 머무르게 됩니다. 그 틀 안에서는 놀 수 있는 경우의 수가 많지 않습니다. 창의적 행동과 창의적 생각도 필요 없습니다. 또한 몸에 직접 닿고 느껴지는 플라스틱 물성은 자연의 촉감과는 다르지요. 한겨울, 한여름에는 더 이질적으로 느껴집니다. 로버트 루트번스타인과 미셸 루트번스타인은 놀이의 가치에 관해 이렇게 적습니다.

> 놀이에는 분명한 목적이나 동기가 없다. 놀이는 성패를
> 따지지 않으며, 결과를 설명해야 할 필요도 없고, 의무적으로
> 수행해야 할 과제도 아니다. 이것은 우리에게 상징화되기
> 이전의 내면적이고 본능적인 느낌과 정서, 직관, 쾌락을
> 서사하는데, 바로 그것들로부터 창조적 통찰이 나온다.
>
> — 로버트 루트번스타인·미셸 루트번스타인,
>
> 『생각의 탄생』(에코의서재)

우리에게 창조적 통찰이 필요한 것은 지금보다 더 나은 삶을 위해서입니다. 창조적 통찰 그 자체가 삶에 의미를 부여하기도 하고, 창조적 통찰을 통해 우리 주변 세계를 변화시켜 가기

도 합니다. 창조적 통찰은 아이들이 주도적인 삶을 사는 능력을 키워줍니다. 놀이터는 어려움을 해결하는 본질적인 용기와 모색의 능력을 가르쳐주지만, 어른들은 자꾸만 아이들에게 어려움을 피해가는 안전한 길만 가르치려 하지요. 하지만 아이들에게 수백, 수천 가지 삶의 시나리오를 만들어 훈련시킬 수는 없습니다. 그래서 아이들에게는 좋은 놀이터가 필요한 것입니다. 놀이로부터 나오는 창조적 통찰은 세상에 대응하는 가장 포괄적이고 근원적인 힘입니다. 놀이의 가치는 아이들 삶의 가치입니다.

책 놀이터: 도서관이 진짜 놀이터가 되다

어느 토요일 오후, 업무를 보러 시청에 나갔습니다. 책기둥 도서관에 들어서는데 밖에까지 아이들의 함성이 들려옵니다. 인형극이 한창입니다. 아이들의 재잘거리는 소음과 웃음이 뭉게구름처럼 가득 찼습니다. 어르신들로 구성된 인형극단이 아이들의 정신을 쏙 빼놓았는지, 서너 살 먹은 아이들은 물론 중학생 친구들, 부모님들까지 긴장과 환호로 온 도서관이 출렁

였지요. 그때, 배고픈 호랑이 한 마리가 무대 밖으로 뛰쳐나옵니다. 고개를 흔들거리며 아이들을 노려보더니 순간 저와 눈이 딱 마주쳤습니다.

"오호~ 이게 누구야! 저기 시장님이네. 내가 아무리 배가
고파도 우리 친구들 말고 시장님을 냉큼 잡아먹어야겠다.
어흥!"

배고픈 호랑이가 시장님을 잡아먹겠다고 달려듭니다. 시장님을 향해 달려드는 호랑이를 보고 다들 걱정하기는커녕 박수를 치며 좋아합니다. '헉, 도대체 왜 나를!' 모두들 뛰쳐나와 시장님을 구해줄 줄 알았는데…… 내심 절망했습니다. 세상에나, 섭섭합니다. 그래도 제가 시장인데…… 어쩌다 이런 신세가 되었을까요?

책기둥도서관에서는 책을 읽어야 할 의무도, 바른 자세를 하지 않았다고 눈치 볼 일도 없습니다. 도서관 한가운데는 아이들을 위한 '야호 책놀이터'가 조성되었습니다. 이곳에는 동화책, 팝업북 등 아이들을 위한 서가가 있습니다. 서가 아래 작은 나무 계단들에는 아이들이 옹기종기 앉아 책을 읽습니다.

주변에는 대형 쿠션들도 있는데 이곳은 마치 아이들의 방처럼 자유롭습니다.

부모님들도 시선에 아랑곳없이 아이들과 책을 즐깁니다. 주말에는 인형극도 볼 수 있고, 이것저것 만들고 그리며 시끌벅적한 시간을 보냅니다. 무더운 여름철에는 시민 누구나 호텔 바캉스 대신 도서관으로 휴가를 올 수 있습니다. 책 놀이터에서는 부자 아빠와 가난한 아빠를 구분하지 않습니다. 키즈카페처럼 돈을 내지 않아도 무제한 놀 수 있습니다.

아이들은 누구라도 공공장소를 경험하고, 또래들과 어울릴 권리가 있습니다. 아이들에게 책은 어젯밤 꾸었던 꿈이고, 과거와 현재를 벗어나 고정된 현실에서 붕 떠오르는 판타지입니다. 책을 통해서 아이들은 가볼 수 없는 곳을 가보고, 해볼 수 없는 것들을 해내지요. 책놀이터는 아이들이 책으로 놀면서 행복해하고, '다른 나'와 '다른 세상'을 상상하는 도시의 공공장소입니다. 아이들이 놀러가는 곳입니다.

이제 아이들에게 시청은 놀이터가 되었습니다. 아이들을 밀어내던 도시가 반대로 아이들을 환대합니다. 공공장소가 아이들 삶의 우선순위로 떠오른 것입니다. 시청이 어떤 곳인지 다 알 수는 없지만 편하고 좋은 곳, 재미있고 또 가고 싶은 곳으

● 아이들은 이제 시청이 놀 수 있고, 편하고, 즐거운 장소라는 걸 알아버렸습니다. 그렇게 새겨진 기억과 감정은 잘 지워지지 않지요. 이 아이들에게 시청은 그런 곳입니다.

로 경험한 것입니다. 아이들은 주장할 수 있게 되었습니다. 이제 시청처럼 공공장소를 우리들에게 돌려달라고 말입니다. 아이들이 커서 시청을 지을 기회가 생긴다면 아이들과 시민들을 환대하는 놀이터 같은 시청을 구상할 것입니다. 아이들에게 시청은 원래 그런 곳이었으니까요.

노송광장 놀이터: 놀이의 과잉은 삶의 확장이다

시청 실내에 책기둥도서관 야호 책놀이터가 있다면 밖에는 시청광장 야호 생태놀이터가 있습니다. 팔복예술공장에는 야호 예술놀이터가 있고요. 시청광장 생태놀이터는 잔디 보호를 위해 시민들의 발걸음을 금지했던 광장을 2014년부터 완전 개방하면서 조성되었습니다. 바라만 보던 잔디밭이 아이들과 시민들의 행복한 삶터로 변해가기 시작한 것이지요.

광장 한가운데 분수놀이터, 짚라인, 그네, 그물 해먹, 통나무 동굴, 모래 놀이터, 통나무 징검다리, 나무사이 외줄타기 등이 설치되었습니다. 모래 놀이터에는 커다란 고목나무가 아이들의 놀이터가 되기 위해 누워 있습니다. 고목나무는 세상에서 하나밖에 없는 자연 놀이터입니다. 건강한 위험이 도사리고 있는 이 놀이터에 아이들이 용감하게 몰려들었지요.

임기 중 제 사무실은 3층에 있었습니다. 닫힌 창문 사이로도 아이들의 웃음소리는 바람처럼 새어 들어왔고, 아이들의 웃음소리는 저를 늘 창가로 끌어당기곤 했습니다. 햇살처럼 쏟아지는 아이들의 웃음은 광장을 채우고도 남아 바깥으로 터져나갑니다. 이곳에서 아이들을 구속하는 것은 아무것도 없습니다. 어른들의 눈길도, 변화무쌍한 날씨도 아이들의 천진난만함을 감당하지 못합니다. 자동차의 소음도, 관공서의 불편함도 아이들이 뿜어내는 에너지에는 감히 맞설 수 없습니다.

모험을 통해 긴장과 안도를 경험하는 것, 위험에 맞닥뜨려 수없이 많은 궁리를 하는 것, 몸의 균형을 잡고 몸을 쓰는 법을 배우는 것, 함께 위험을 이겨낸 친구들과 협동하는 것, 자연과 교감하는 것, 용기를 내야 할 때를 아는 것, 응원해 주는 친구들과 눈빛을 주고받는 것. 이 모든 걸 아이들은 몸으로 기억합니다. 경험이 쌓여갈수록 본능으로 저장됩니다.

놀이터에서는 모든 것이 과잉입니다. 멈출 수 없는 웃음, 내지르는 행복한 괴성, 덜컹거리는 행동, 비상한 생각, 아슬아슬한 모험, 한계를 넘는 도전, 어질어질한 즐거움은 일상을 훌쩍

● 시장실 창가에서는 아이들이 광장 놀이터에서 노는 모습이 보입니다. 일
을 하다가도 가끔 아이들을 보려고 창가로 가게 됩니다. 아이들의 웃음
소리가 끌어당기는 것이지요.

뛰어넘습니다. 이때의 과잉은 불손한 과잉도, 열등감의 반작용으로 나오는 자기방어적 과잉도 아닙니다. 아이들의 과잉은 감정과 행동의 유쾌한 확장이고, 확장의 정도가 곧 새로움의 크기입니다. 놀이터에서의 과잉은 삶의 확장으로 이어집니다.

아이들의 '노는 삶'에
우리 모두의 지지가 필요하다

놀이터 이야기를 마치며 한 가지 안타까운 점을 말하고자 합니다. 저는 사실 부모의 역할을 한 번도 배워본 적이 없었습니다. 지금 생각해 보면 부모의 역할이 그렇게 중요한데, 배울 생각도 하지 못했습니다. 부모의 역할로 보면 아이가 아이를 낳은 것입니다. 부모의 역할을 소홀히 여기는 사회야 없겠지만, 우리는 그 중요성에 비해 부모 교육을 너무 가볍게 다루어 왔습니다. '아이들의 삶을 어떻게 도울 것인가'에 많은 관심을 갖지 못했습니다. 공부시키는 것 말고는 말입니다.

아무리 좋은 놀이터를 만들어도 부모의 인식이 바뀌지 않으면 무용한 장소가 되고 맙니다. 과외와 학원으로 내몰린 아이들에게는 놀 시간이 없으니까요. 아이들 삶의 한 부분인 놀이에 가장 큰 방해가 되는 것이 사실 부모들의 인식입니다. 꽤많은 부모가 '놀이터에서 노는 것'을 아이들 삶의 일부라고 생각하지 않습니다. 의미 있는 활동이라고 존중하지도 않지요. 점수가 나오지 않기 때문입니다. 물론 우리 사회의 교육 시스템이 그러하니 부모 탓만 할 수는 없습니다. 우리 사회가 일반적으로 인정하는 성공의 척도가 버티고 있는 한 부모의 선택은 점수, 하나뿐이니까요.

아이들에게는 부모의 도움이 필요하고, 부모는 자녀를 어떻게 도와야 할지 고민과 배움이 필요합니다. 국가나 지자체의 시스템 차원에서 부모의 교육을 지원하는 것은 물론이고, 마을을 기반으로 한 육아 공동체도 필요합니다. 공동체를 통해 '아이들이 행복한 삶이 어떤 것인지' 부모의 역할을 배우고 실천하는 사회적 연대가 필요합니다.

아이들에게는 어른이 생각하는 것과는 다른 삶이 있습니다. 어른들은 숲속의 경사진 바위를 보고 위험한 돌덩이라고 말하지만 아이들은 그 경사면을 보고 자연이 만들어낸 신나는 미끄럼틀이라고 상상합니다. 아이는 작은 어른도, 어른에 비해 작은 생각을 하는 존재도 아닙니다. 아이는 어른과 다른 상상

을 하는 사람입니다. 그 '다른 사람'과 '우리가 생각하는 아이' 사이를 채워줄 공부가 우리 모두에게 필요합니다. 아이들의 '노는 삶'에 우리 모두의 지지가 필요합니다.

참여, 우리가 존재하는 방식

: 우주로1216

참여는 개인의 결정으로 시작되지만 가장 사회적인 존재 방식이기도 합니다. 저는 25년 넘게 행정에 직간접적으로 관여하면서 시민들의 참여 과정을 자주 지켜봤습니다. 어떨 때에는 정책에 참여하던 시민들이 '이용당했다'는 감정으로 자리를 박차고 나가는 일도 있었습니다. 반면 정책 과정에서 작은 갈등을 겪기는 했지만, 결과적으로 정말 보람 있었다고 자부하는 분들도 많았지요. 지방자치가 실시되면서 각종 정책이나 이슈에 시민들이 참여하는 폭도 넓어지고 횟수도 훨씬 많아졌습니다.

진정한 참여는 가능할까

제가 시장으로 재임하던 때에도 우리 시의 현안들, 예를 들어 오래된 종합경기장 재생이나 정원 도시 만들기, 동물 복지 등의 정책 방향을 잡기 위해 시민원탁회의를 진행하곤 했습니다. 관심 있는 시민들이 많게는 수백 명까지 참여해 의견을 내고, 그 의견을 토대로 정책의 방향을 결정했습니다. 감옥 같았던 동물원을 생태 동물원으로 혁신하는 일, 시민들의 이동권 확보를 위해 대중교통을 개선하는 일 등 각 정책별로 '다울마

당'이라는 거버넌스 체계를 만들어 수년간 운영하고 많은 성과를 거두기도 했지요.

그러나 저의 반성이기도 한데, 돌아보면 시민들의 참여가 정책 과정의 수단으로만 소비된 경우도 있었습니다. 물론 처음부터 형식적 절차를 의도했던 것은 아닙니다만, 결과적으로는 시민들이 보여준 뜨거운 열정에 온전히 보답하지 못했습니다. 참여를 시민들의 삶의 과정으로 온전히 존중하지 못했기 때문입니다. 참여는 시민들 스스로 자신의 의견을 형성하고, 열정과 시간을 헌신하는 삶의 과정입니다. 공동의 삶을 만들어가기 위한 사회적인 협력 과정일뿐더러 이를 통해 인간과 인간, 인간과 도시가 긍정적인 상호 의존성을 갖게 됩니다. 또한 참여는 민주주의의 중요한 현장이기도 합니다. 하지만 여전히 '진정한 참여'를 현실적으로 실현하기는 매우 어렵습니다. '권력' 때문에 그렇습니다.

> 엄밀히 말하자면 적어도 우리가 '문명화'된 세계라고 부르는 곳에서 참여의 형식은 존재하지 않습니다. 참여는 사실상 모두가 대등한 입장에서 권력을 관리하고 행사에 참여할 때 이루어진다고 할 수 있습니다. 좀 더 분명하게 말하자면

참여는 더 이상 권력이 존재하지 않을 때, 즉 모두가 동등한
입장에서 모든 결정 과정에 직접 관여할 때 이루어집니다.
— 잔카를로 데 카를로, 『참여의 건축』(이유출판)

이탈리아의 건축가 잔카를로 데 카를로는 참여에 대해 이렇게 적습니다. 하지만 그동안 데 카를로가 말한 진정한 참여의 형식은 거의 본 적이 없습니다. 일의 과정에서 그가 말한 '권력'의 문제를 전제하지 못했지요. 물론 '더 이상 권력이 존재하지 않을 때'란 유토피아처럼 현실적으로 불가능한 일입니다. 그러나 진보는 가능한 일에 있는 것이 아니라, 가능하다고 믿고 행동하는 곳에 있습니다. 참여의 문제를 시민들의 삶으로 이해하면 우리는 훨씬 더 진지해지고 더 많은 책임감을 갖게 됩니다. 참여는 '홀로 살 것인가 아니면 함께 살아갈 것인가'를 구분 짓는 선택이자, 자신의 존재 방식에 대한 판단입니다.

아이들이 선택한 존재하는 방식

"단순한 도서관이 아닌, 우리들이 상상하고 만들어낸 우리

들의 아지트 같은 곳이죠."

놀라운 말입니다. '우주로1216' 조성에 참여한 김지민 친구가 전주시 소식지인 《전주다움》 인터뷰에서 한 말입니다. 우주로1216은 전주시립도서관 꽃심 3층에 마련된 12~16세 친구들의 전용 공간입니다. 또래보다 아래인 동생들하고도, 형, 누나들하고도 어울리기 쉽지 않은 친구들을 위한 공간입니다. 이 도서관은 대한민국 공간문화 대상인 대통령상을 수상했습니다. 개관 이후 수만 명이 이곳을 다녀갔습니다. 이렇게 많은 분들이 이 공간을 다녀간 이유는 무엇일까요? 대한민국 최초의 12~16세 전용 공간이어서 그럴까요? 워낙 예쁘게 디자인된 공간이라서 그랬을까요? 그렇지 않을 겁니다. 이 공공장소는 전주시와 어른들*이 권력을 내려놓은 최초의 공공장소이기

---

* 우주로1216은 C프로그램, 도서문화재단씨앗, 책읽는사회문화재단이 함께 트윈세대를 위한 열린 공간을 조성한 space T 프로젝트의 첫 번째 사례입니다. 트윈세대 조사부터 콘텐츠 기획, 공간 설계 및 시공까지 각 분야 전문가팀이 청소년들과 함께 만들었습니다. 트윈세대 조사는 디아이디어그룹, 경험 및 콘텐츠기획은 진저티프로젝트, 공간 설계는 이유에스플러스건축, 공간 시공은 메이트 건축이 참여했습니다. .

때문입니다. 그 이야기는 아이들이 만들고 아이들이 운영하는 최초의 공공장소라는 의미입니다. 그것도 아주 잘 말입니다.

2020년 2월 우주로1216 개관 이후, 《전주다움》이 도서관 만들기에 참여한 친구들을 인터뷰했습니다. 먼저 앞서 언급한 김지민 친구에게 우주로1216 소개를 부탁했습니다.

"단순한 도서관이 아닌, 우리들이 상상하고 만들어낸 우리들의 아지트 같은 곳이죠. 공간 이름인 '우주로1216'도 저희가 직접 만들었어요. '우리가 주인이 되는 공간'이라는 의미와 이 공간을 이용할 수 있는 연령대를 일컫는 숫자 '1216'을 붙여 완성한 거예요. 이곳에서 저희는 공연을 보거나 몸을 움직이며 에너지를 발산하기도 하고, 책을 읽거나 생각에 잠기며 나만의 시간을 보낼 수 있어요."

김지민 친구와 함께 인터뷰에 참여한 조윤주 친구도 말합니다.

"현재 홈스쿨링을 하고 있는데요. 저처럼 홈스쿨링을 하는 친구들을 대변할 수 있겠다는 생각에 프로젝트에 참여하게 되었습니다. 홈스쿨링 청소년에게도 꼭 필요한

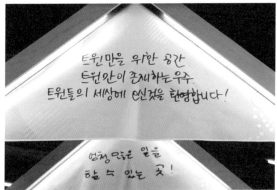

- 이곳은 아이들이 만든 도시이며, 아이들이 만든 삶의
  조건입니다. 아이들에게는 굉장한 경험이지요. 삶의 조
  건을 직접 만들어낸 이런 경험이 진정한 지식입니다.

공간을 만들겠다는 생각으로 참여했고, 1년 동안 너무

신났어요. 서울에 있는 창의적인 공간을 방문한 첫 워크숍을

시작으로 공간 워크숍, 콘텐츠 워크숍 등 다양한 워크숍에

참여했어요. 그리고 그 워크숍에서 얻은 영감을 바탕으로

아이디어를 내고 직접 제안서도 작성하면서 차근차근

우리들만의 공간을 만드는 작업을 했어요. 도서관 내부가

완성되기 전, 텅 빈 공간에서 바닥에 테이프로 구획을

나눠가며 직접 공간을 구상하기도 했습니다. 새로운 공간을

만드는 아이디어를 내고, 그 아이디어를 다듬어서 콘텐츠로

만들고, 우리가 주인인 공간 만들기에 우리가 주체적으로

참여한 거예요."

우주로1216은 아이들을 중심에 두고 여러 주체들의 협업으로 이루어졌습니다. 이 과정에서 우리 도시는 권력을 내려놓는 법을 배웠고, 아이들은 '우리가 도시의 주인'이 되는 법을 몸과 마음으로 익혔습니다. 이 경험은 참여자 모두의 개인의 삶과 공적 삶의 체득과 기억으로 축적됩니다.

공직 사회가 주도해 어른이 아이들을 가르치려 했다면 아이들은 '우리들이 상상하고 만들어낸'이라고 표현할 수 없을 것

입니다. 아이들은 우주로1216을 조성하며 처음으로 공직 사회, 어른들과 일하면서 주체적이고 주도적인 삶을 살아봤습니다. 그 과정에서 아이들의 내면에 자신감과 자부심이 싹을 틔웠지요. 어른들의 지시를 받으며 벽돌을 쌓은 게 아니라, 친구들과 함께 집을 짓는 경험을 한 것입니다. 우주로1216은 갈 곳이 많지 않은 아이들에게 아지트가 되었습니다. 공공장소가 말입니다. 홈스쿨링하는 친구들의 삶에도 변화가 생길 겁니다. 아지트에서 사회적 우정을 만들며 서로 연결되겠지요. 아이들의 연결을 누구도 막을 수 없습니다. 아이들은 단순한 공간이 아니라 하나의 공동체를, 한 사회를 지은 것입니다.

우주로1216은 아이들로만 구성된 '트윈 운영단'에 의해 운영됩니다. 2022년 10월, 트윈 운영단 3기인 중학교 1학년 이석현 친구와 초등학교 6학년인 안은재 친구를 만났습니다. 두 친구는 저에게 트윈 운영단이 하는 일을 자세히 소개합니다.

"동영상을 제작하거나 포스터를 만들어 공간 홍보를 하기도 하고 이용 수칙을 변경하기도 해요. 예를 들어 동영상을 편집하거나 찍을 수 있는 스튜디오가 있는데 친구들이 너무 많이 몰려 사용 시간을 제한할 필요가 생긴 거예요. 그래서

새로운 규칙을 만들었죠. 최대 한 시간까지 이용하고,
대기자가 없으면 한 시간 더 할 수 있게 했어요. 또 가끔
만들기 재료를 가지고 쓸데없이 장난을 치거나 던지면서
노는 친구들이 있는데요. 이것을 사용할 만큼만 사용하자는
규칙을 새로 만들었어요. 새로운 규칙을 잘 써서 구석구석에
붙이고, 규칙을 어기면 제재를 해요. 세 번 경고를 받으면
출입이 금지되고요. 또 비속어 사용을 자제하는 규칙을
만들기도 했습니다."

두 친구의 눈빛에서 자부심과 책임감이 또렷이 드러납니다.
아이들 스스로 규칙을 정해 공공장소를 운영한다는 것은 아이
들이 도시의 결정권을 가진다는 의미입니다. 거대한 도시에서
무언가를 결정하고 그 결정이 다수에 영향을 미칠 때 아이들은
자연스럽게 책임감을 익히게 됩니다. 도시에 대한 책임을 갖
는다는 것은 도시의 주인이 가져야 할 기본적인 자격입니다.
그런데 또 하나 즐거운 일은, 우주로1216에서 일하는 직원
들의 마음도 아이들의 마음과 같다는 것입니다. 이들은 '존재
하는 방식으로서의 일'을 합니다. 이곳에서 일하는 직원의 표
정과 태도가 우리 도서관의 많은 걸 말해줍니다.

"가끔 제가 저를 보고 깜짝 놀랄 때가 있어요. 저도 모르는

사이에 제가 그냥 혼자 웃고 있는 거예요. '어, 내가 왜

이렇지?' 정말 많은 분들이 벤치마킹을 오시거든요.

'전주에서 살고 싶어요', '우리 어린 시절에 이런 공간이

있었으면 얼마나 좋았을까', 이런 말씀들을 많이 하세요.

그러면 제 마음 속에도 우주로1216에 대한 자부심과

책임감이 스멀스멀 올라와요. 책임감이 생기니까 아이들의

이야기에 더 귀 기울이게 되고 따뜻한 눈길도 가는 거예요.

그런 마음으로 콘텐츠를 만들어 아이들이 신나게 활동할

생각하면 그냥 웃음이 나와요. 우주로1216은 학교 성적이나

부모님의 소득이 보이지 않는 곳이죠. 아이들과 한 공간에서 놀면서 늘 칭찬을 해주는데 아이들이 이 칭찬을 통해 새롭게 변화하는 걸 보게 돼요. 저의 이런 자발적인 태도에 스스로 흠칫 놀랍니다. 저도 저를 재발견하는 것이지요."

이 직원은 우주로1216의 마스코트 같은 존재인데, 이 공간에서 대표 지구인 역할을 합니다. 지구인은 아이들이 자신들을 '지'켜봐주고 필요한 것을 '구'해주는 제3의 어른을 지칭합니다. 이 직원을 볼 때마다 웃는 얼굴에서 나타나는 보람과 기쁨이 느껴집니다. 일과 삶이 일치할 때 드러나는 어떤 '자유로움'이지요.

우주로1216을 벤치마킹하러 온 분들이 많은 감동을 받고 돌아갑니다. 도서관의 구조나 가구 디자인, 여러 시설들도 감탄할 만하지만 본질적인 것은 다른 데 있습니다. 우리를 진정 감동케 하는 건 도서관에서 묻어나는 아이들의 마음입니다. 이곳에 들어서면 얼마 지나지 않아 '아이들의 마음이 이런 거구나', '공간 전체가 아이들에게 집중하고 있구나', '공간이 끊임없이 아이들과 대화하고 있구나'를 어렵지 않게 느낄 수 있습니다. 우주로1216은 아이들이 본능과 욕구, 창조적 상상력으로 질문을 하고 스스로 답을 찾아가는 도서관입니다. 앞서 말씀드린 것처럼 어른들이 권력을 내려놓았기 때문에 가능했지요. 이는 권력을 포기한다는 말이 아닙니다. 권력을 내려놓는다는 것은, 아이들의 내면의 힘과 창의성을 신뢰한다는 뜻입니다. 결과를 만들어내는 데만 집중했던 권력이 '정책 과정 참여자의 삶에 대한 존중'으로 이동했다는 것을 의미합니다.

우리가 우주로1216에서 포착해야 할 것은 시민 참여를 단순히 정책 과정의 일부로 여기는 수준을 넘어 시민들의 삶의 방식이 정책을 만들어갔다는 점입니다. 누구나 삶은 유한합니다. 정책에 참여했다는 것은, 시민들이 유한한 삶의 일부를 기꺼이 내어주었다는 뜻입니다. 참여는 정책의 일부가 아니라 시민들 삶의 일부입니다. 시민 참여에 관한 관점을 정책에서 삶으로 옮겨갈 때 도시는 공적 본성을 되찾게 됩니다. 도시가 공적 본성으로 시민들을 존중할 때, 비로소 시민들도 '우리가 만든 도시, 우리의 아지트'라고 말할 수 있지 않을까요.

이런 사례들이 우리 도시 여기저기에 가득 찬다면 어떤 일이 벌어질까요? 도시가 시민들의 삶이 되고, 시민들의 삶이 도시가 될 것입니다. 참여는 시민들이 존재하는 삶의 방식으로 존중받아야 합니다.

적당한 성공은 철저한 실패보다 위험하다

: 금암도서관

우리의 공공장소는 왜 설레지 않을까요? 대다수의 시민들은 설렘을 가지고 공공장소를 찾지 않습니다. 설렘보다는 아쉬움이 크고, 어떨 때는 심란하기까지 합니다. 또 시민들 입장에서는 공짜로 이용하는 것인데 이 정도면 됐지 뭐, 하며 크게 불만을 가지지도 않습니다. 공직 사회가 만들고 운영하는 공공장소란 원래 그러려니 하기 때문입니다.

공공장소를 만드는 주체는 주로 공직 사회입니다. 공직 사회는 예산의 범위 안에서 만들면 최선이고, 시민들은 이용하기에 불편하지만 않으면 그만입니다. 자본이 집중된 상업 시설과는 애초에 비교할 수 없습니다. 비교 자체를 스스로 포기하지요. 공공시설은 상업 시설보다 부족한 것이 당연하다는 식의, 확신 아닌 확신도 가지고 있습니다. 공공장소를 만드는 사람도, 이용하는 사람도 기대가 많지 않은 것입니다. 공공장소가 시민의 삶을 바꿀 수 있다는 가능성에도 주목하지 않습니다. 공공장소가 감동이 있고 근사한 장소가 되리라고 생각하지 않을뿐더러, 공공장소를 통해 삶을 바꿀 수 있을 거라는 기대 자체가 없습니다.

가장 아쉬운 점은 공직 사회조차도 공공시설의 잠재력을 스스로 믿지 않는다는 겁니다. 앞서 언급한 것처럼 공공장소와 상업 시설은 애초부터 비교 대상이 아닙니다. 추구하는 가치 자체가 다르기 때문입니다. 그러나 상업 시설과 비교하면서 왠지 주눅 들어 있는 공직 사회의 모습에 가끔 안타까움을 느끼곤 합니다.

'적당함'을 뛰어넘을 때 설렐 수 있다

우리가 함께 설레는 공공장소를 만들고자 한다면 조건이 하나 있습니다. 공직 사회가 자신들도 모르게 가지고 있는 일의 한계선, 즉 '적당한 수준'을 넘어야 한다는 것입니다. 그 선을 넘지 못하면 설렘도 감동도 없습니다. 공직 사회가 움직일 수 있는 지신과 자원은 늘 부족합니다. 공공장소를 만드는 데 있어 그 도시에서 최고의 위치에 있지도, 널찍한 부지를 가지고 있지도 않지요. 마음껏 쓸 수 있는 풍족한 예산도 없습니다. 더군다나 전문가들이 분야별로 포진해 있는 것도 아니고요. 그럼에도 해내는 사람들이 있습니다. '적당한 선에서 마무리하는 공직 사회의 관성'을 과감히 깨뜨린 사람들입니다.

어느 날, 공사 마무리가 한창인 금암도서관을 찾았습니다.

건물을 들어서는 입구에 천장 공사가 마무리되어 있습니다. 공공건물 어디서나 볼 수 있는 하얀색 석고보드로 깔끔하게 정리되어 있었습니다. 순간 당황했습니다. '분명 이 천장 석고보드를 제거해서 충고를 확보하자고 했는데…….'

"사다리하고 손전등 좀 가져와 주시겠어요? 그리고 지금 바로 이 천장 석고 몇 개 떼어주시면, 제가 직접 올라가서 확인해 볼게요."

제 말에 직원 한 분이 사다리를 타고 천장으로 올라가 석고보드의 나사못을 풀고 일부를 뜯어냅니다. 직원이 내려오자 제가 다시 손전등을 들고 사다리에 올랐습니다. 손전등으로 어두컴컴한 천장 이곳저곳을 비춰보니 얽히고설킨 전기 배선 등이 어지럽게 묶여 있었습니다. 사다리에 오른 채로 잠시 생각에 잠겼습니다. 그런 저를 보는 직원들의 표정도 경직되어 있었지요.

"이 석고보드 뜯어냅시다. 뜯어낼 의미가 있을 만큼 구조물하고 석고보드 사이에 충분히 공간이 있으니, 어렵겠지만 한번 해봅시다. 여러분들이 건물 중앙의 천장을 철거하면서 완전히 다른 도서관을 만들어냈는데, 입구의 낮은 천장 석고보드를 그대로 두는 것은 너무 아쉽고 쉬운 결정 같습니다. 지금까지 정말 고생했는데 이걸 포기하면 안 될 것 같네요. 건물 중앙이 이렇게 하늘로 시원하게 뚫려 있는데, 이 부분이 일을 하다 만 것처럼……. 또 석고보드는 그 물성이 너무 공공스럽 잖아요."

직원들이 머뭇거리며 대답합니다.

"시장님, 이미 공사가 끝난 상황입니다. 이 건물이 너무 오래 돼서, 건축 당시에는 천장이 오픈되지 않던 때라 배선이 너무 엉망입니다. 저희도 뜯어내는 걸 고려했는데 너무 지저분해서 어쩔 수 없이……."

며칠 후 도서관 입구의 석고보드가 철거되었고, 훨씬 개방감 있는 입구가 만들어졌습니다. 고루한 공공기관의 색깔을 지워 내자 분위기가 확 달라졌습니다.

금암도서관을 찜찜한 마음으로 찾았던 건 직원들에게서 평 소와 다른 분위기를 감지했기 때문입니다. 한 직원에게 기존 천장 석고보드를 교체하는 게 아니라, 아예 석고보드를 철거 해서 층고를 확보하라고 했는데 왠지 실행이 되지 않았습니 다. 확인하는 과정에서 "석고보드를 철거해도 높이에 크게 차 이가 없고 효과도 없을 것 같은데……" 뭔가 석연찮게 대답 합니다. 이런 때는 대부분 직원들 간에 이견이 발생하고 있는 경우입니다. 공사는 마쳐야 하는데 서로 설득이 안 되는 상황이지요.

그러면 결국 변화보다는 나쁘지 않은 '적당한 마무리'로 끝내고 맙니다. 금암도서관뿐 아니라 다른 도서관에서도 이와 같은 상황에 자주 부닥칩니다. 물론 공간과 관련된 일들은 상대적으로 쉬운 편입니다. 새로운 도서관의 핵심 주제, 책 큐레이션, 독서대전이나 국제그림책도서전과 관련한 일들, 고전 100권 읽기, 책쿵20, 도서관 여행이나 책문화 산업과 관련한 일 등등 수없이 많은 선택의 순간을 마주했습니다. 이때 적당한 수준에서 덮고 가느냐 아니면 끝까지 파고드느냐에 따라 분명히 다른 결과와 다른 완성도가 나오곤 했습니다.

전주시 도서관의 직원들이 많은 성장을 한 부분입니다. 이제는 꽤 많은 직원이 적당히 넘어가려 하지 않습니다. 현장에 나갈 때마다 직원들과 많은 대화를 하게 됩니다. 저는 어느 순간부터 '우리가 같은 방향을 보고 있구나'라는 생각이 들었습니다. 같은 방향을 보고 있으면 누군가의 제안에 감사하게 됩니다. '그 누구도 모든 걸 다 잘할 수 없다'는 것을 서로 인정하면, 일과 역행하는 자존심을 버릴 수 있습니다. 그리고 누군가의 틈새 제안들이 많이 필요하다는 걸 깨닫게 되지요. 공직 사

● 금암도서관은 오래된 낮은 천장을 과감하게 들어냄으로써 확 트인, 기분
좋은 도서관이 되었습니다. 극적인 변화이지요. 이곳을 통해서 시민들의
삶도 극적으로, 그러나 편안하게 바뀌었으면 좋겠습니다.

회는 더더욱 그렇습니다. 시민들과 전문가의 도움을 받으며, 시장이 부족하면 직원이 채우고, 본부장이 부족하면 과장이 채우고, 과장이 부족하면 팀장이 채우고, 직원이 부족하면 본부장이 채웁니다. 같은 방향을 보고 있다면 가능한 일입니다. 그것도 즐겁게 말입니다.

적당한 성공은 철저한 실패보다 위험합니다. 공직 사회의 일상적 한계가 '적당한 성공'입니다. 대부분의 공사가 최저가 입찰로 이뤄지는 등 현실적인 제도적 한계도 있고, 주어진 예산 내에서 모든 걸 진행해야 하기 때문에 늘 어려움이 있습니다. 그래서 적당한 성공으로도 적당한 박수를 받습니다. '자본으로 승부하는 민간 상업 시설도 아니고 공무원들이 저 정도 했으면 됐지.' 적당한 성공은 비난을 받지도 않습니다. 얼마든지 방어할 논리도 있고 수긍도 되지요.

하지만 적당한 성공으로는 앞으로 갈 수도 뒤로 갈 수도 없습니다. 멈춰 서는 것입니다. 아예 부수고 다시 시작할 수 있으니 차라리 철저한 실패가 더 나을지도 모릅니다. 적당한 성공으로는 누구의 마음도 흔들 수 없지요. 이제껏 만드는 주체도, 이용하는 주체도 공직 사회에 큰 기대를 하지 않은 이유입니다. 우리의 두려움은 '실패'에 있지 않습니다. 우리가 진정으로 두려워해야 할 것은 바로 '적당한 성공'입니다.

공공장소의 가치는 '사회적 설득'에 있다

공공장소가 적당한 성공을 뛰어넘어야 하는 이유 중 하나가 '사회적 설득'입니다. 감동을 주는 공공장소는 시민들을 스며들듯 설득하며 서서히 삶을 변화시켜 내지만, 적당한 것에는 감동하기 쉽지 않습니다. '사회적 설득'은 '자본의 설득'과는 차원이 다른 일입니다.

자본이 만들어내는 설득은 끊임없는 소비입니다. 물론 소비 또한 행복에 결정적 영향을 미치고 우리의 삶을 변화시키기도 합니다. 그러나 우리가 소비의 유행을 따라가지 못할 때 행복은 멈춰버리고, 소비의 능력이 다하면 삶의 변화도 멈추고 맙니다. 또한 자본이 만들어내는 소비는 타인과 구별될 때 행복을 느끼게 합니다. 소비의 욕망은 유행을 만드는 자와 그 유행을 따라 잡으려는 자의 끝없는 경쟁을 만들어냅니다. 경쟁은 불안을, 불안은 경쟁을 잉태합니다. 그러나 좋은 공공장소는 시민들을 경쟁하게도, 불안하게도 만들지 않습니다. 그 대신

장소를 즐기는 행복을 누리고 타인과 연결되는 기쁨을 선사합니다.

금암도서관은 1980년에 개관했습니다. 당시에는 전주를 대표하는 대규모 도서관이자 시민들의 자랑이었습니다. 시간이 흐르면서 금암도서관이 위치한 금암동은 어느덧 구도심이 되었고 사람들은 떠나갔습니다. 이후 대학 도서관이나 다른 시립도서관이 건축되면서 금암도서관은 더 시민들의 관심에서 멀어졌습니다. 그렇게 지난 2022년 3월 재개관 전까지 위축될 대로 위축되어 있었던 도서관에, 42년 만의 변화가 찾아왔습니다. 책의 시대의 서막이 다시 열리는 것처럼 엄마와 아이들부터 어르신들까지 시민들이 모여들기 시작했습니다.

금암도서관은 그 공간만큼이나 이용하는 시민들도 극적으로 바뀌었습니다. 금암도서관 재개관 전후를 지켜보면서 적당한 수준을 뛰어넘는 공공장소가 시민들의 삶을 어떻게 바꾸는지 목도했습니다. 금암도서관이 시민들을 설득하고 있다는 방증입니다. 시민들이 가장 좋아하는 변화 중 하나는 도서관 지붕에 새롭게 설치된 넓은 야외 데크입니다. 전주의 전망이 한눈에 내려다보이는 장소에서 독서도 하고, 햇빛을 즐기는 시민들을 봅니다. 날 좋은 9월 저녁 '달빛 공연'에 환호하는 시민

시민들은 금암도서관 옥상 야외 데크를 통해
도시를 새로이 발견합니다.
이 높이, 이 위치, 이 시간……
모두 처음 경험하는 것이니까요.
도시의 다른 면을 보고 느낄 수 있게 된 것이지요.
이제 금암도서관은 아이들과 함께 온
엄마, 아빠, 연인, 공부에 지친
학생들 모두에게 휴식이 되어주고 있습니다.

들을 보면서 공공장소의 변화가 무엇을 의미하는지 다시금 깊이 깨닫습니다.

좋은 공공장소는 광고하지 않아도 사람들을 끌어들입니다. 친구의 재촉으로, 선생님의 추천으로, 아빠의 권유로, 딸의 졸라댐으로, 아이의 응석으로 도서관을 찾아오지요. 입소문을 타고 끝없이 시민들 사이를 누비며 호기심을 자극합니다. 좋은 공공장소는 시민들을 편안한 게으름으로 안내하지 않습니다. 내 집처럼 편안하면서도 마음을 흔들어 어떤 계기를 만들지요. 책을 읽지 않는 사람이더라도 친구를 따라서 온 도서관에서, 궁금해서 온 도서관에서 어쩌다 책을 한 권 집어 들게 되는 것입니다. 공공장소의 기분 좋은 설득에 이끌려 '어쩌다 독서'를 하게 됩니다. 취향이 만들어지고 생활에 변화가 찾아옵니다. 삶이 바뀌고, 동네도 바뀝니다.

좋은 공공장소는 그 자체가 도시의 리더다

사람만이 도시의 리더가 되는 것은 아닙니다. 좋은 공공장소가 때로는 정치적 리더보다 더 훌륭한 역할을 합니다. 좋은 공공장소는 시민들의 신뢰를 받습니다. 흡인력을 발휘하며 시민들을 변화시킵니다. 높은 자리에서 강요하지 않고, 사람보다 더 겸손하고 변함없이 시민들을 존중합니다.

  공공장소는 리더로서 우리에게 힘을 주고 우리를 앞으로 나아가게 합니다. 그것은 한 그루의 나무일 수도 있고, 놀이터, 미술관, 박물관, 노인복지관, 사회복지관, 공원, 길거리의 벤치, 버스 승강장일 수도 있습니다. 좋은 도시에는 좋은 공공장소가 많습니다. 그러나 좋은 공공장소는 쉽게 만들어지지 않지요. 한 곳이 우연히 좋은 장소가 될 수는 있지만, 여러 좋은 장소는 하루아침에 만들어지지 않습니다. 부지불식간에 맞닥뜨리는 수없이 많은 '진실의 순간'을 통과해야 합니다. 눈에 띄는 곳만이 공간이 아닙니다. 건물의 벽과 기둥만이 그 공간을 지탱하는 것도 아니고요. 눈에 보이지 않는 곳에 진실한 마음이 담겨 있습니다. 아주 작은 것에 깃든 정성이 우리의 삶을 지탱합니다. 직면할 수도, 아닐 수도 있는 진실의 순간은 보이지 않는 곳, 아주 작은 곳에 숨겨져 있습니다. 이 진실의 순간을 통과해야만 비로소 적당한 성공을 뛰어넘습니다.

  도서관 직원 한 분이 저에게 말합니다.

  "정말 저희가 할 수 있는 한도 안에서 최고의 장소를 만들어

보자, 그리고 그 장소를 시민들이 마음껏 누렸으면 좋겠다, 행복해했으면 좋겠다, 이런 생각으로 모든 걸 조화시키려고 노력했던 것 같아요."

'적당한 선에서 마무리하는 공직 사회의 관성'을 깨고 나온 직원입니다. 이런 마음이 모여야 적당한 성공을 뛰어넘습니다. 이 직원은 이미 알고 있습니다. 우리가 왜 공공장소를 만드는지, 그리고 어떻게 공공장소를 만들어야 하는지 말입니다. 가끔 강연을 마치고 나면 몇 분이 묻습니다.

"시장님, 우리도 바꾸고 싶은데 사실 엄두가 나지 않습니다.
그렇게 많은 공공장소를 어떻게 바꿔요? 예산도 없고……."
"제대로 된 하나의 힘을 믿으셔야 돼요. 가령 어느 도시에
100개의 공공장소가 있다고 하면, 우리가 100개를 못
바꿔서 못 바꾸는 것이 아니라 하나를 못 바꿔서 100개를
바꾸지 못하는 겁니다."

전체를 단번에 바꾸겠다는 적당한 마스터플랜보다 중요한
것은 '제대로 된 하나의 힘'입니다. 여기서 '제대로 된 하나'는
굳이 영어로 표현하면 일종의 '플래그십 스토어flagship store' 같은
겁니다. 그러니까 공공장소로서의 도서관의 가치와 기능, 감
각과 상징이 응축된 정체성의 표현이지요.

사람들은 하나의 힘을 잘 인정하려 하지 않습니다. 공공장
소 100개 전체를 바꿔야 한다고 하면 아마도 일단 한숨부터
쉴 것이고, 예산이나 우선순위 등을 핑계로 사실상 포기하거
나 흐지부지되고 말겠지요. 그러나 제대로 된 하나의 힘은 장
소의 크기와 관계없습니다. 아무리 작은 장소라도 감동을 주
는 하나는 도시의 분위기를 환기하며 설렘의 출발점이 되어줍
니다. 전주가 도서관을 바꿔가면서 도서관을 바라보는 시민들

의 관점과 안목 또한 깊어졌습니다. 도서관을 통해 나의 삶과 동네가 변화하는 것을 직접 보고 느끼게 된 겁니다. 거기까지 가면 됩니다.

깊어진 시민들의 관점와 안목은 도시를 변화시킵니다. 이제 시민들도 적당한 성공을 원치 않습니다. 요구하게 된 겁니다. 시민들의 요구가 시작되면 도시의 우선순위가 바뀝니다. '제대로 된 하나'는 모두의 꿈이 되고 또 다른 하나의 출발과 과정, 도달까지 많은 영감을 주면서 길잡이가 됩니다. 두 번째부터는 많은 부분에서 그 '하나' 아래로는 내려가지 않습니다. 오히려 더 개성 있게 나아지려는 분위기가 꿈틀거립니다. 그 변화를 바라보는 시민들은 당장의 적당한 공공장소보다는 시간이 오래 걸려도 기대를 뛰어넘는 공공장소를 기다리게 되지요. 그런 기다림은 지루함보다는 설렘일 것입니다.

좋은 장소는 어쩌면 좋은 리더 이상일 수 있습니다. 좋은 장소는 초심을 잃지 않으니까요. 제대로 된 하나가 나의 삶과 도시를 바꿉니다.

도서관이 숲으로 간 이유

: 학산숲속시집도서관

도서관이 굳이 편한 땅을 두고 숲으로 갔습니다. 퇴임 후 직원들과 즐거운 점심을 했는데 건축직 직원 한 분이 신이 났습니다.

"시장님께서 학산에 숲속도서관 짓자고 하실 때, 실은 제가 욕을 좀 했거든요. '에잇, 대체 여기에다 도서관을 어떻게 지으라는거야?' 하고요. 설계하고 공사를 해야 하는데 공사할 분이 저한테 와요. 장비가 들어가기 힘들 것 같다고. 제가 웃으면서 그랬죠. 그럼 내일 우리 둘이 가서 삽 들고 땅 파자고요."

다른 자리에서 만난 사서직 한 분도 역시 즐겁습니다.

"시장님, '학산숲속시집도서관' 글씨체 보셨지요? 정말 기가 막히지요? 어쩜 나뭇가지로 글씨체를 만든 것처럼 우리 도서관에 그렇게 어울리게 만들었을까요. 우리 지역 디자이너가 만든 것인데요."

살아가며 웃을 수 있는 기억과 경험을 공유하고 있는 누군가가 있다는 건 참 행운입니다. 물론 인생을 다 좋은 기억과 경험으로 채울 수는 없을 테지만, 가끔씩 생겨나는 좋은 기억과 경험은 어려운 시기를 건널 수 있는 징검다리 같은 역할을 해줍니다. 특히 공적인 일이나 다른 사람들을 위해서 뭔가 함께 잘 해낸 기억과 경험은 오래도록 뿌듯하게 간직되지요. 그리운 사람들이 있다는 것은 생각만으로도 미소를 짓게 만드니다. 어려운 시기를 직접적으로 해결해 주진 않더라도, 우리가 견뎌낼 수 있도록 곁을 지켜줍니다.

도시도 마찬가지입니다. 좋은 기억과 경험으로 애착이 생긴 장소들은 힘들 때 우리의 마음과 발길을 이끌어줍니다. 우리에게 애착심을 불러일으키는 장소들이 없다면 도시는 그저 땅과 허공을 점유하고 있는 물체에 불과할 것입니다. 의미 있는 공공장소들이 늘어날 때 우리는 도시를 우리 삶의 실체로 인지하게 됩니다. 도시가 그리워집니다.

우리는 '고독의 기회'를 회복할 수 있을까

학산숲속시집도서관은 전주시 평화동 학산에 자리를 잡았습니다. '평화', 참 아름다운 이름이지요. 이 평화동 외곽을 안온하게 둘러싼 산이 바로 학산입니다. 풍수적으로 전주 도심을 관통하는 전주천을 학이 감싼 모양새라고 해서 학산이라고 불리게 되었답니다.

학산도서관은 앞의 직원의 말처럼 만만치 않은 어려움을 안은 채 시작되었습니다. 굳이 편한 땅을 두고 도서관이 숲으로 갔으니 말입니다. 많은 궁리를 거쳐 도서관이 땅에 뿌리를 내리고 심어졌습니다. 숲의 품에 자연스럽게 안길 수 있도록 규모를 정했고, 지형을 거스르지 않았습니다. 서서히 소나무 숲 사이로 조금씩 그 모습이 올라왔습니다. 시집 크기만 한, 수천 장의 나무 조각으로 도서관의 외관이 마감되었습니다. 건축이 마무리되고 나니 모든 게 하나의 자연처럼 느껴졌습니다. 자연이 숲을 허락하고, 숲이 도서관을 허락했습니다. 도서관은 숲을 지배하지 않습니다. 도서관의 몸과 마음, 도서관으로 이어지는 오솔길의 생각과 호수의 감정이 원래의 것처럼 연결됩니다. 평온한 숲에 어느 샌가 '시의 집'이 자라났습니다.

멀찌감치 도서관이 보이는 좁은 길에 들어서면 도시에서 치이고 뭉개진 우리의 감각이 되살아납니다. 도서관 아래의 '맏내 호수'는 맑은 거울처럼 숲과 하늘을 비춰냅니다. 숲의 침묵이 조금씩 느껴지기 시작하며 도시의 소리는 점점 멀어지지요. 도시에서는 소리가 피처럼 돌지 않으면 살아갈 수 없습니다. 도시는 소리를 통해 존재를 표현합니다. 새벽녘 알람 소리부터 밥이 다 되었음을 알리는 밥솥 소리, 냉장고 문이 열렸다는 소리, 세숫물 소리, 엘리베이터가 도착했다는 소리로 시작해서 하루 종일 소리와 함께 살아갑니다. 도시는 관계에 기초해 작동되고, 소리는 관계의 도구이기 때문입니다.

그러나 소리는 관계의 균형을 깨기도 합니다. 더 큰 권력은 더 큰 소리를 내기에 그렇습니다. 도시에서는 소리의 크기가 권력의 크기이며, 동시에 권력의 크기는 말의 양과 비례합니다. 권력은 약자들보다 더 많은 양의 말을 쏟아냄으로써 자기 권력을 확인합니다. 이처럼 소리와 말로 살아가는 도시에서 침묵은 그 가치를 인정받지 못합니다. 침묵은 독자적인 존재가 아니라, 말이 끊어질 때 우연히 발생하는 의미 없는 여백으로 치부되곤 합니다. 하지만 소리로 살아가는 도시에서 우리가 잠시 잊고 있었을 뿐, 침묵은 우리를 구성하는 본질적인 요소입니다.

> 침묵은 하나의 독자적인 현상이다. 따라서 침묵은 말의
> 중단과 동일한 것이 아니며, 그것은 결코 말로부터 분해되어
> 나온 것이 아니다. 그것은 독립된 전체이며, 자기 자신으로
> 인하여 존립하는 어떤 것이다. 침묵은 말과 마찬가지로
> 생산적이며, 침묵은 말과 마찬가지로 인간을 형성한다. 다만
> 그 정도가 다를 뿐이다.
>
> － 막스 피카르트, 『침묵의 세계』(까치)

　침묵은 묵비와는 다른 의미입니다. 침묵은 말의 부스러기가 아닙니다. 내재된 침묵의 본능을 깨우고, 침묵을 독자적인 현상으로 인식할 때 우리의 완연한 모습두 찾을 수 있습니다. 그러나 '언어의 인간'인 우리는 늘 말의 강박을 받습니다. 말의 밀도에는 불가피한 압박이 있습니다. 우리는 말의 밀도에 끌려 들어갈 수밖에 없고, 그 밀도 안에서 탈출하기 어렵습니다. 말과 소리가 곧 세상이니까요. 살아가려면 어쩔 수 없이 그 밀도에 자신을 맞춰야 하고, 그러다 보면 내가 나를 정의할 수 없습니다. 세상의 밀도가 나를 정의하게 되지요.

반면 숲은 도시와는 다른 밀도로 존재합니다. 세상의 밀도를 벗어난 숲에는, 말과 소리의 세계에서 발견하지 못한 침묵의 세계가 존재합니다. 숲속 침묵의 세계는 우리를 고독으로 안내합니다. 그리고 우리에게는 그러한, '존중된 고독'이 필요합니다. 고독은 말과는 다른 차원으로 깊고 생산적입니다. 학

- 여기에는 자연이 들어옵니다. 빛도, 숲도, 꽃도, 낙엽도……. 여기서는 비를 그냥 맞을지 아니면 쾌적한 곳에서 바라볼지, 눈을 직접 맞을지 아니면 따뜻한 곳에서 바라볼지 선택할 수 있습니다.

산숲속도서관에는 고독의 기회가 있습니다. 침묵이 말의 부스러기가 아니듯 고독은 삶의 부스러기가 아닙니다.

외로움으로부터 도망치는 사람은 고독의 기회를 놓친다.
사람이 생각을 '그러모아' 숙고하고 반성하고 창조하는
능력, 그 마지막 단계에서 타인과의 대화에 의미와 본질을
부여하는 능력의 바탕이 되는 숭고한 조건을 잃는 것이다.
그러나 고독을 한 번도 맛보지 못한 사람은 자신이 무엇을
박탈당했고 무엇을 버렸고 무엇을 놓쳤는지조차 영원히 알
수 없을 것이다.

‒ 지그문트 바우만, 『고독을 잃어버린 시간』(동녘)

바우만이 말하듯 고독은 삶의 독자직인 부분입니다. 고녹을 놓치면 우리는 삶의 일부를 놓치게 됩니다. 우리에겐 도시의 원심력을 벗어나 있는 회복의 장소가 필요합니다. 도시의 축제도 좋지만 존중된 고독도 필요합니다. 학산숲속시집도서관은 정중한 무관심으로 우리를 맞이하지요. 이곳은 도시에 속해 있되 속해 있지 않은, 단절되지 않되 방황할 수 있는 장소입니다. 돌아갈 수도, 달아날 수도 있는 마음의 사잇길입니다.

세상과 나 그 경계에 있지만 경계로부터 자유로운 도서관이
지요. 혼자 있는 것이 불편해지는 게 아니라, 혼자 있음으로써
고독의 가치를 발견할 수 있는 곳입니다. 혼자 있는 것조차 어
색하고, 늘 타인을 의식하게 되는 도시와는 다릅니다. 학산도
서관에는 홀로 있는 것이 편안하고, 도리어 홀로 있음을 즐길
수 있는 배려된 호젓함이 있습니다.

　고독의 가치를 발견하는 것을 넘어 삶의 일부로 내면화할 때 비로소 내가 나를 정의할 수 있습니다. 세상에서 떨어져 나올 때 생기는 고독이 우리를 다시 세상으로 나아가게 합니다. 고독은 우리가 세상의 모든 외로움으로부터 숨지 않도록 우리를 따뜻하게 다독입니다. '존중된 고독', 도서관이 숲으로 간 이유입니다.

도시 회복의 다른 방식, 도시 침술

: 첫마중길 여행자도서관

지인 한 분이 웃음기 가득한 얼굴로 묻습니다.

"시장님, 재밌는 말씀 해드릴까요?"

"네?"

"제가 전주역에 도착해 첫마중길에서 택시를 탔는데……
시장님은 밥 안 먹어도 배부르시겠어요. 한 번도 들어보지
못한, 옮기기 어려운 말들을 오는 내내 하시던데요. 욕 한
바가지요."

"저도 아주 잘 알지요. 그래도 처음보단 좀 줄었는데요."

도시를 바라보는 시선의 차이입니다. 2014년 여름, 전주역
앞 도로를 몇 번이고 걸었습니다. 한때 호황을 누리던 역세권
의 흔적은 온데간데없이 사라지고, 전주역으로부터 약 1킬로
미터 남짓 이어지는 그 황량한 거리가 가슴을 무겁게 눌렀습
니다. 병원, 나이트클럽, 노래방, 모텔, 안마시술소, 국밥집들
도 문을 닫은 지 오래였습니다. 발길이 끊긴 거리에 쓸쓸함만
남았습니다. 한두 집을 빼고는 손님이 많지 않았지요. 차마,
또 혹시나 해서 가게 문을 닫지 못하는 시민들의 표정에도 패
색이 짙었습니다. 한때 잘나가던 시절을 추억하는 것은 잠깐

이고, 현실로 돌아오면 늘 깊은 한숨이 가까이 있습니다.

전주역을 통해 1년에 수백만 명의 관광객들이 전주로 들어옵니다. 관광객 대부분은 고즈넉하고 아름다운 한옥 도시를 그리며 전주역에 내립니다. 그러나 역을 빠져나오자마자 눈앞에 펼쳐지는 것은 드넓은 대로와 자동차 행렬입니다. 쭉 뻗은 도로 양쪽으로 즐비하게 늘어선 폐쇄된 유흥업소와 빈 점포들, 부서지거나 기울어진 간판들만이 관광객을 맞이합니다. 그렇게 삭막한 무표정이 2014년 우리 도시의 첫인상이었습니다. 낯선 도시를 들어설 때의 첫 느낌은 오랫동안 가슴에 남습니다. 도시의 첫인상은 관광 기간뿐 아니라 그 도시에 관한 다양한 분야에서 영향을 미치지요. 그리고 안타깝게도 첫인상의 기회는 단 한 번뿐입니다.

이 도시의 아픈 곳을 살려내는 데 많은 분들이 전면적 재개발을 제안했습니다. 우리 몸으로 따지면 대수술 처방입니다. 그러나 저는 '도시 침술Urban Acupuncture'을 선택했습니다. 도시 침술은 우리의 아픈 몸에 침을 놓듯 도시 안의 작은 개입을 통해서 한 지역의 회복을 돕는 일입니다. 작은 개입이란 공간이나 장소, 정원이나 녹지, 문화예술 콘텐츠, 사회 프로그램, 도시 디자인 등등 작은 변화의 축적을 통해 그 지역의 재생을 이끌어내는 것을 말합니다. 우리 몸에 미세한 침을 놓으면 서서히 건강을 찾듯, 도시의 치유적 개입을 통해 한 지역이 활력을 찾도록 하는 처방이지요.

풍경은 도시의 결을 만든다

첫마중길이라는 이름은 '우리 도시가 따뜻한 마음으로 여행자들을 처음 맞이하는 길'이라는 의미로 지어졌습니다. 첫마중길의 도시 개입은 '풍경'이 핵심입니다. 몇몇 분이 전주 초입이니 대형 상징물을 설치하는 건 어떠냐고 제안하기도 했지만, 억지스러운 표방보다는 '우리다움'을 표현하는 게 맞다고 판단했습니다.

저는 이 길에 우리 도시의 가치 지향을 담고자 했습니다. 첫마중길 초입 거울 연못을 지나면 팽나무 고목 아래 표지석이 하나 놓여 있습니다. 그 표지석 동판에 첫마중길의 의미를 담아두었습니다. '자동차보다는 사람', '콘크리트보다는 생태', '직선보다는 곡선'의 가치를 담은 '가장 인간적인 도시로 가는 길.' 원래 우리 도시가 가졌던 모습들이었고, 앞으로 우리 도시가 가야 할 미래입니다.

'첫마중길'이라는 이름이 새롭게 지어지면서 도시에도 다른 풍경이 나타났습니다. 전주역부터 약 850미터가량 도로 중심부 아스팔트를 걷어내고 자동차를 밀어낸 자리에 광장이 들어섰습니다. 이 인간적인 광장은 네모반듯한 보통의 광장을 거부합니다. 그 대신 동구 밖과 정자나무의 의미를 살린 팽나무 고목 몇 그루가 중간중간 자리를 잡았습니다. 고색 짙은 팽나무들은 오가는 사람들을 환영하고 배웅했던 마을 어귀, 그리고 축제를 벌이고 놀며 쉬었던 생활 공동체를 상징합니다. 또 하얀 구름과 파란 하늘을 비추는 거울 연못과 정원이 들어섰습니다. 광장은 광장 그 자체이기도 하고 곡선의 오솔길이기도 합니다.

팽나무 사이를 따라 사이좋게 심어진 나무들 대부분은 시민들의 헌수로 마련되었습니다. 어느 날인가는 한 어머니가 저를 찾아오셔서 세상을 떠난 아들을 위한 기억의 나무를 심어달라고 하셨습니다. 화석처럼 감정이 말라버린 어머니는 '우리 아들은 비록 28년밖에 살지 못했지만 느티나무야 너는 1000년을 살아다

오'라는 짧은 편지를 남기셨지요. 그밖에도 유치원 아이들이 돼지 저금통을 모아 심어준 전주 응원 나무, 할아버지가 기쁨으로 심은 손주의 첫 생일 나무, 기업의 번창을 기원하는 사장님과 직원들의 소망 나무 등등 한 그루 한 그루가 각자의 이야기를 담고 있습니다.

아침 출근 중인 시민들에게 '오늘도 좋은 하루 되세요'라고 도시가 말을 겁니다. 바로 첫마중길에 조성된 예술 승강장입니다. 버스 승강장은 버스로 출근하는 시민들이 가장 먼저 만나는 공공장소입니다. 뚝딱 기성품을 조립해 낸 게 아니라 지역 예술가들이 참여해 만든 예술 작품 승강장입니다. 도시가 예술을 통해 시민들을 존중하는 마음을 전합니다. 일터로 나가는 시민들이 은연중에 예술을 만나고, 겨울엔 따뜻한 발열 의자에서 몸을 녹입니다. 낡은 공간에서 버스를 기다리는 대신 쾌적한 공공장소에서 약간의 시간을 보내도록 하는 작지만 따뜻한 도시의 마음입니다.

또 예술가들은 많은 시민의 삶이 묻어나는 공공 디자인에 참여했습니다. 첫마중길 주변, 여행을 주제로 한 예술 승강장들을 시작으로 도시 전역에 예술을 입힌 승강장들이 들어서고 있습니다. 이 예술 승강장들이 언젠가는 지붕 없는 도시 미술관을 만들 거라 꿈꾸며 말입니다.

　이제 시간이 흐르자 첫마중길의 결이 또렷해지고 있습니다. 시민들의 삶은 도시의 결에 영향을 받습니다. 그 결대로 살아가게 되지요. 그리고 도시의 결을 만드는 것은 시간의 흐름과 가치지향입니다. 앞서 언급한 것처럼 첫마중길에서 보이는, 도시를 바라보는 시선의 차이는 '결을 어떻게 건드리냐'의 차이입니다. 많은 분들은 이를 치유적 개입으로 보지 않고 다소 충격으로 받아들입니다. 첫마중길의 도시 개입이 작지 않다는 의미입니다. 도시가 뒤집어지는 재개발과 비교하면 거창하지 않지만, 삶의 가치가 충돌하고 있기 때문일 것입니다.

　침을 맞은 아픔이 아직 남아 있지만 첫마중길은 조금씩 활력을 되찾고 있습니다. 폐쇄된 나이트클럽이 호텔로, 문 닫은 병원이 대학 시설로 바뀌었고 공공기관과 주거 시설도 속속 들어서고 있습니다. 미술 전시와 공연, 각종 장터가 열리기도 합니다. 도시 침술은 도시의 잠재적 가능성을 자극합니다. 주변의 많은 건물이 남루한 모습을 벗고 스스로 리모델링을 하고 있습니다. 풍경이 짙어지면 도시가 주는 느낌도 달라집니다. 예전과 완전히 달라진 아름다운 풍경은 주변에도 좋은 변화를 일으킵니다. 굳이 말로 하지 않아도, 우리의 오감을 통해 아름다운 풍경을 닮아가자고 권유합니다.

풍경은 아무리 충만해져도 우리에게 강요하지 않습니다. 자연을 끌어들인 장소에는 겸손한 효능이 있습니다. 우리를 위축시키지 않고 거슬림 없이 변화시킵니다. 도시 침술은 전면 개발과는 다른 방식으로 도시를 회복시키는 전략입니다. 동시에 도시 침술 그 과정이 도시 자체이기도 하지요. 도시 침술은 때로는 직설적으로, 때로는 뉘앙스만 건네며 도시의 변화를 촉진합니다. 도시가 시민들에게 '함께 나서자'고 제안하는 공공의 신호입니다. 풍경은 도시의 결을 만들어냅니다. 첫마중길의 풍경이 더 우거지고 더 짙어지고 있습니다. 더 아름답고 더 풍성해지고 있습니다.

도시의 풍경과 시민들의 삶이 포개어질 때

첫마중길에는 아름다운 도서관 풍경이 보입니다. 빨간색 컨테이너로 만든 '첫마중길 여행자도서관'으로, 지역 주민들과 여행자들을 위한 도서관입니다.

도서관을 처음 구상할 때는 목재 등 다른 건축 재료들을 고

려했습니다. 그러나 그동안 자재 창고 등으로 쓰였던 이 컨테이너 또한 이 길의 소중한 기억이라는 생각이 들어, 그를 활용한 도서관을 만들었습니다. 작은 역사를 존중키로 한 결정이었지요.

이 도서관의 주제는 예술과 여행입니다. 이 작은 도서관에 시민들과 도시 여행자들이 찾아오고, 작가들의 강연이 열립니다. 이용자들을 위한 라운지도 마련되어 있지요. 아이들과 함께 가족 단위로 참여하는 '아트북과 함께 즐기는 미술'이라는 프로그램도 운영됩니다. 또한 전주를 더 깊고 의미 있게 경험할 수 있도록 전주 여행에 필요한 책들에 정성을 들였습니다. 여행지에서만 올라오는 감정도 있고, 낯선 곳에서만 하고 싶은 이야기들이 있습니다. 한 번도 경험한 적이 없는, 길 한가운데 놓인 작은 도서관에서 시민 느낄 수 있는 우리 시민들의 마음도 있습니다. 이 도서관에는 그 즐거운 기억들을 다시 떠올릴 수 있도록 엽서와 책갈피, 필기구 같은 작은 소품들에까지 섬세한 성의를 담아냈습니다.

"첫마중길 여행자도서관에 가서 깜짝 놀랐습니다. 사실 '컨테이너로 만든 중소도시 도서관이 뭐 볼 게 있을까? 아트북이 있다던데 그저 그런 수준이겠지' 하고 들어갔는데 상상 이상이었습니다."

몇 해 전 만난 서울의 한 대학 교수님의 말입니다. 국립중앙
도서관에서 오신 분들도, 다른 시의 도서관에서 오신 분들도,
여행자들도 한결같이 아트북의 종류와 규모, 큐레이션에 놀라
고 맙니다. 특히 이곳에 있는 데이비드 호크니의 한정판 비거
북Bigger book은 도서관에 특별함을 더해줍니다.

"호크니 비거북, 저 비싼 책을 아무렇지 않게 손으로 만지게
하다니 너무 놀랐습니다. 백화점 같은 데서는 전시만 하고 만
지지도 못하게 하던데……. 다른 데에서는 직원들이 훼손될까
봐 직원들이 마치 감시하듯 바라보는데. 대한민국에 이런 공
공도서관이 있다는 게 되게 특별합니다."

공공장소를 공부하는 서울의 대학생들은 첫마중길 여행자
도서관을 찾고선 이렇게 말했지요. 이들이 말하는 우리 도시
의 '특별함'이란, 비단 비싸고 큰 책이 있다는 사실만을 말하는
게 아닐 겁니다.

우리의 도서관이 '책이 특별한 도서관'보다는 '사람이 특별한
도서관'이 되었으면 좋겠습니다. 책은 책을 위해서 비치된 게
아닙니다. 책은 사람을 기다리지요. 사람의 손에 들리고, 사람
의 마음을 움직일 때 비로소 책은 특별한 존재로 거듭납니다.

아무리 크고 비싸고 귀한 책이라도
그 책이 특별한 것이 아닙니다.
그 책을 자유롭게 펼쳐보고
편하게 읽는 게 진정한 특별함입니다.

호크니의 저 크고 비싼 책이 '전시될 때' 특별한 게 아니라, 누구라도 넘겨보고 읽고 감상할 때 특별함이 발생한다는 것입니다. 우리에겐 그런 특별함이 필요합니다. 그리고 그 특별함이 일상이 될 때 좋은 도시가 되지요. 책은 책대로, 사람은 사람대로 병렬된 도시는 좋은 도시가 아닙니다. 도시가 시민들과 분리되지 않고 물리적으로, 정서적으로 포개어질 때 도시의 결이 만들어집니다.

  첫마중길 여행자도서관 건물 끝 작은 계단을 올라가면 옥상이 나옵니다. 이곳은 높지도 않고 좁은 공간에 불과하지만 첫마중길이 한눈에 들어옵니다. 길 한가운데 다른 높이에서 보는 풍경은 색다른 정취를 느끼게 하지요. 나무들과 꽃들이 겹

치고 겹쳐서 하나의 숲처럼 느껴집니다. 이렇게 도시의 곡선
은 직선과는 다른 풍경을 만들어냅니다. 곡선은 우리가 떨어
져 있지 않다는 걸 알려주니까요. 물론 직선으로 앞만 보고 사
는 도시를 선호할 수도 있습니다. 그러나 지나치는 사람들과
인사도 하고, 이따금 멈추고 돌아갈 수 있는 곡선의 도시 역시
좋은 도시입니다.

　저는 5년, 10년 뒤 이 첫마중길부터 시작된 왕복 20킬로미
터의 정원 길을 마주할 시민들의 삶이 더 기대됩니다. 첫마중
길은 완성되지 않았고, 점점 생명력을 더하며 도시를 바꿔가
고 있습니다. 여러 친구들이 계절과 날씨에 따라 모습을 드러
냅니다. 자기의 때가 아니면 겸손하게 다른 친구들의 배경이
되어주지요. 홍가시나무와 금목서, 느티와 산딸나무, 흰말채
와 꼬리풀, 으아리외 마식줄 등 많은 친구가 첫마중길 정원에
살고 있습니다.

　이 첫마중길을 시작으로 평화동 학산시집도서관을 가는 큰
길에 '바람길 숲'이라고 부르는 가로 정원이 조성되었습니다.
이 바람길 숲을 따라가다 보면 중간 거리 즈음에 꽃심도서관
과 정원문화도서관을 만날 수 있습니다. 인도를 따라 길고 길
게 뻗은 정원에는 은목서와 동백, 꽃복숭아와 산수유, 화살나

무와 진달래, 나무수국과 병아리꽃나무가 시민들을 반기고 구절초와 노루오줌, 옥잠화와 쑥부쟁이도 도시의 좋은 시절을 만들어냅니다. 자연에서는 한순간도 무심하게 흐르지 않습니다. 한 해 한 해 도시는 더 짙고 더 많은 풍경을 담아냅니다.

첫마중길 여행자도서관을 나와 전주역 방향으로 5분가량을 걸으면 어머니의 '아들 나무'가 있습니다. 시장 임기를 마치기 열흘 전쯤 어머니와 함께 아들 나무를 보러 갔습니다. 아들 나무는 오늘도 여전히 잘 지내고 있었습니다. 진한 초록 잎사귀가 바람에 흔들렸고, 나풀거리는 잎사귀에 저도 미소로 화답했습니다. 풍경은 도시의 서사를 깊게 합니다.

한 도시가 시민들에게, 아름답게 조화된 모자이크 같은 삶의 완결성을 부여할 수는 없습니다. 그러나 공공장소가 시민들의 삶에 한 조각이라도 의미 있는 가치를 부여한다면, 도시가 시민들에게 기댈 곳이 되어줄 수는 있겠지요. 우리에게 기댈 곳이 있다면 팍팍한 삶 속에서도 또 다른 조각을 맞춰나갈 수 있을 것입니다. 한 조각이 맞춰지면 다음 조각도 맞춰질 수 있고요. 도시가 첫 번째 조각이 되고, 시민들이 이어서 두 번째 조각을 채우고……그렇게 차례차례 조각을 맞춰가다 보면 아름다운 모자이크가 점차 모습을 드러내며 시민들의 삶의 무늬도 눈에 보이게 되겠지요. 시민들의 다양한 삶의 무늬가 드러나면, 시민들 삶의 행복한 풍경도 짙어질 것입니다.

좋은 도시는 도시의 풍경과 시민들 삶의 풍경이 분절되어 있지 않습니다. 도시에서 삶의 풍경을 발견할 수 없다면, 그 도시는 공허하고 외로움만 덧놓인 공간에 불과합니다. 도시의 풍경과 시민들의 삶의 풍경이 많이 겹칠수록 도시는 아름답게 시민들의 삶의 조건이 됩니다. 도시는 시민들의 삶과 어우러지면서 비로소 진정한 회복에 이릅니다.

- 좋은 도시에서는 도시의 풍경과 시민들의 삶의 풍경이 자연스럽게 겹쳐집니다. 서로가 서로에게 기대며 의미 있는 존재가 됩니다.

도시는 기억의 집합이다

: 팔복예술공장 이팝나무그림책도서관

사르르 책을 펼치면 평면의 인쇄 뭉치가 입체의 세상으로 둔갑합니다. 책장을 넘길 때마다 집이, 인물이, 동물이 불쑥불쑥 튀어나오며 살아 있는 듯 생생한 세상을 만들어냅니다. 이 마법이 펼쳐지는 곳은 팔복예술공장에 있는 이팝나무그림책도서관입니다. 마법의 주문을 외울 필요도 없이 멀리 있는 것과 가까이 있는 것, 높은 곳과 낮은 곳, 넓은 곳과 좁은 곳…… 순식간에 공간이 출몰합니다. 공간이 생기면 들어갈 수도, 나갈 수도, 머물 수도, 떠날 수도 있습니다. 뛰어내리거나 날아가는 것도 가능하지요. 공간은 수없이 많은 입체의 감각으로 상상력을 자극합니다. 평면에서 별안간 입체로 변한 세상에서 어떤 이야기를 읽어낼지는 우리들 각자의 몫입니다. 상자 같은 세상에 갇힐 수도, 광대한 이야기 세상으로 들어갈 수도 있습니다.

팔복예술공장에 오시는 분마다 '팔복'의 의미를 묻습니다. 팔복예술공장은 전주시 팔복동에 위치해 있어 붙은 이름입니다. 전주시는 1957년 인근 지역과 함께 동을 신설했는데, 팔과정八科亭의 팔八과 신복리新福里의 복福자를 합쳐 '팔복동八福洞'이라고 명명했습니다. 팔과정은 17세기 이곳에 살던 선비 송사심의 제자 여덟 명이 과거에 급제하자 이를 기념하기 위

● 팝업북은 영화적입니다. 책장을 넘길 때마다 입체의 세상이 펼쳐지지요.
  스토리는 책에 달려 있지만, 세상과 사건의 속도는 내 손에 달려 있습니다.

해 지은 정자이고, 신복리는 당시 이 일대에서 가장 규모가 큰 마을이었지요. 이후 이 팔복동은 1969년부터 전주와 전라북도의 핵심 산업단지로 지역경제의 한 축을 담당했습니다. 비록 시대의 흐름에 밀리긴 했지만, 한 세대를 먹여 살렸다는 자부심이 뭉클하게 남아 있는 곳입니다.

낡아서 다시 고마운 것들

2014년 시장에 취임하고 얼마 후 팔복동을 찾았습니다. 주민 한 분이 말을 건넵니다.

"시장님, 여기 팔복동은 전주도 아닌 것 같아요. 우리 동이 다 쪼그라들고 오래되고 너무 낡아서 그런지 잊히고 버려진 느낌입니다. 사람도 다 떠나고 공장 먼지며 냄새, 소음 다 참고 살았는데……."

그렁그렁한 눈을 하더니 이내 말끝이 흐려집니다. 그 안에 가득한 아쉬움과 서운함이 제게도 안타깝게 전해졌습니다.

팔복예술공장은 황량한 산업단지에서 예술 공단이 소생하길 꿈꾸며 시작되었습니다. 산업단지를 흐르는 금학천의 물을 맑게 하는 것과 이팝나무 철길에 시간과 여행이란 가치를 더하는 일, 팔복예술공장의 문화 재생이 그 시작이었지요. 아울러 이곳 산업단지를 이루는 고색의 붉은 벽돌 건물들을 매입해 다양한 공공장소로 활용하는 것 또한 예술 공단의 꿈이었습니다.

팔복예술공장의 재생은 2015년 전주시가 문체부의 폐산업시설 문화재생 공모에 선정되면서 본격화되었습니다. 이곳은 1992년 폐업한 카세트테이프 공장인 '쏘렉스'를 매입해 재생한 공공장소입니다. 쏘렉스는 1997년 썬전자라는 이름으로 카세트테이프 공장을 시작했는데, CD와 MP3가 나오기 전인 1980년대 말까지만 해도 최첨단 산업이었습니다. 한때는 공장에 직원들이 500여 명 가까이 일할 정도로 전주와 팔복동을 대표하는 기업이었지요. 1988년 쏘렉스로 회사명이 바뀌었고, 1989년 봄 열악한 노동조건으로 시작된 파업이 다음 해까지 지속되면서 공장은 끝내 문을 닫고 말았습니다. 그 후 이곳은 팔복예술공장으로 탈바꿈하기까지 방치되고 버려진 채로 세월의 풍화를 견디고 있었습니다.

본격적인 문화 재생이 시작되고 얼마 되지 않았을 즈음 주민 대표 한 분을 행사장에서 마주쳤습니다.

"시장님, 그래도 이건 아닌 것 같아요. 이왕 팔복동에 관심 쓸 거면 새 걸로 지어주셔야지……. 지금 이런 헌 거 고쳐서 어디다 쓰겠어요. 다 부서진 거 그냥 보고 있는 것만도 서러운데, 저희는 이런 거 싫습니다. 여기를 누가 보러 오겠습니까."

그렇게 많은 우려와 의구심으로 시작된 폐공장 문화 재생은 2018년, 방치된 지 25년 만에 '예술하는 곳 팔복예술공장'으로 새로운 삶을 시작했습니다. 팔복동 주민들과 총괄 감독, 우리 시의 많은 예술가, 공직 사회의 긴 수고 끝에 스산하던 폐공장이 시민들의 삶과 도시의 이야기를 품고 되살아났습니다. 노동자들의 애환과 꿈, 공장과 산업의 역사와 기록들, 팔복동 주민들의 가볍고 무거운 일상의 리듬은 다시 입체의 세상을 만들어냈습니다. 이제는 예술가들의 입주 창작 공간과 전시 공간, 야호 예술놀이터와 흙과 물놀이터, 정원의 꽃과 나무들, 문화장터와 각종 공연들이 새로운 이야기를 잇습니다.

앞서 재임 중에 아이들의 창의성을 일깨우는 세 가지 정책으로 책놀이터, 생태숲놀이터, 예술놀이터를 언급한 적이 있습니다. 이곳에 위치한 팔복예술놀이터가 유아부터 청소년까지 예술놀이의 핵심적인 역할을 담당하고 있습니다. 아울러 이 팝나무그림책도서관도 '책의 도시 전주'의 한 부분을 상징하고

있지요. 팔복동 주민들은 사회적 협동조합을 만들어 미술관 운영의 일부를 담당합니다. 이곳을 재생하던 초기에 주민들에게 약속했습니다. 미술관에 들어설 카페 등을 유명한 업체에 넘기지 않고 주민들게 맡기겠다고. 수십 년 동안 팔복동을 지켜온 주민들이 앞으로도 이곳을 지켜갈 수 있도록 하겠다고. 그렇게 주민들은 카페의 바리스타가 되었고, 또 미술관 해설사가 되었습니다. 다른 도시에서 단체로 벤치마킹을 올 때면 이 협동조합의 이사장께서 능숙한 솜씨로 해설을 담당합니다. 가득 찬 자부심이 느껴집니다. 어느 날 팔복동 주민 한 분이 웃으며 다가옵니다.

"시장님, 여기가 정말 자랑스러워요. 이렇게 될 거라곤 상상도 못 했는데……."

풍화를 해석하는 안목

팔복예술공장에 많은 시민과 여행객들이 찾아오고 또 벤치마킹을 하러 옵니다. 어느 도시에 간들 미술관과 카페가 없고, 놀이터와 도서관 또 정원이 없겠습니까. 그럼에도 이처럼 많은 분들이 팔복예술공장으로 오는 것은 '도시의 풍화'에 관한 새로운 해석과 안목 때문일 것입니다. 물론 팔복예술공장에서 벌어지는 전시나 공연, 축제, 예술놀이 등 좋은 기획이 있다는 것을 전제로 해서 말입니다. 모센 모스타파비와 데이빗 레더배로우는 『풍화에 대하여』라는 저서의 첫 문장에 이렇게 적습니다.

> 건물은 마감 공사로 완성되지만, 풍화는 마감 작업을 새로 시작한다.
>
> ─ 모센 모스타파비·데이빗 레더배로우, 『풍화에 대하여』(이유출판)

풍화는 자연이 놓치지 않은 겹겹의 시간입니다. 풍화는 시간을 조작하지 않습니다. 있는 그대로, 세월만큼 첩첩한 기억을 만들어내지요. 날씨를 피하지도 않습니다. 날씨만큼 견뎌온, 모진 기억의 흔적을 그저 품고 있습니다.

풍화에 대한 해석과 풍화를 다루는 안목이 중요한 것은, 풍화가 우리 기억의 농도를 결정하기 때문입니다. 풍화는 우리를 기억의 문으로 안내합니다. 이 기억의 문을 열면 광대한 이야기 세상이 펼쳐지지요. 그러나 새로운 것으로 도시의 기억을 밀어버리면 광활한 이야기 세상의 문이 영영 닫히고 맙니다. 새로운 것만 있는 도시에서는 상자에 갇힌 듯, 읽어낼 이야기가 부실하고 답답하지요. 도시의 기억에서 읽어내는 이야기들은 그 도시의 고유성과 정체성, 공동체성을 만들어내기에 그렇습니다. 도시가 품은 고유성과 정체성, 공동체성은 우리의 생활 방식에 영향을 미칩니다. 나와 도시의 관계를 특별하게 만들어주고 도시에 장소성을 부여합니다. 도시의 이야기는 우리 마음속에 도시를 뜬풀 같은 존재가 아니라 단단하게 뿌리 내린 나무 같은 존재로 만들어줍니다.

아울러 도시의 내적 고유성과 정체성은 지역에 따라 내·외적인 다양성으로 드러납니다. 이는 곧 삶의 다양성으로 전해지고, 개인과 지역, 또 도시 간에 서로를 끌어들이는 흡인력의 동인이 되어주지요. 이 흡인력은 서로를 연결하고 존중할 수 있는 이음매가 되어줌으로써 한 도시 내의 공동체성을 촉진합니다. 나아가 다른 도시와의 연결을 통해서 더 큰 공동체성을 만들어내기도 하지요.

도시 곳곳에는 도시의 기억들이 숨겨진 채로, 또 드러난 채로 흩어져 있습니다. 모래같이 잘게, 바위처럼 육중하게 도시를 점유합니다. 도시는 기억의 집합입니다. 빌딩과 자동차, 도로가 도시의 본질이 아니지요. 도시는 개인과 집단의 기억들로 가득 차 있습니다. 좋은 기억들만 언급하려는 것이 아닙니다. 슬프고 아픈 기억도, 빛나고 찬란한 기억도 있지요. 도시의 기억을 밀어버리는 것이 곧 도시가 성장하는 길이라는 그릇된 믿음은, 도시를 스스로 파괴하고 다른 도시에는 없는 고유의 가능성을 훼손하는 것과 마찬가지입니다.

우리가 도시의 기억을 어떻게 찾아내고 무엇을 덧대느냐에 따라 도시의 삶도 달라집니다. 낡은 것에 새로운 것들을 덧대는 방식이 아니라, 모든 것을 밀어버리는 도시에는 '깊은 새로움'이 없습니다. 도시의 기억과 현재, 미래를 잘 직조하는 도시는 도시의 삶을 더 아름답고 풍성하게 만듭니다. 그래서 풍화는 그 도시를 읽어내는 첫 문장입니다. 도시의 풍화를 버려야할 '헌 것'으로 취급한다면 도시의 이야기도 버려지고 맙니다. 반면 도시의 풍화를 '읽어야 할 의미 있는 이야기'로 생각하는 순간 앙상한 고목에 새순이 돋기 시작하지요. 읽어내는 공간과 장소 하나하나는 도시에 묻힌 씨앗과 같습니다. 어떤 것은 나무로, 어떤 것은 꽃으로 성장합니다. 어떤 나무는 느티나무가 되고 또 다른 나무는 은행나무로 성장합니다. 백일홍이 되는 꽃이 있는가 하면 국화꽃이 되는 꽃도 있습니다. 그렇게 도시가 풍성해지고, 무성한 이야기 숲이 만들어집니다.

우리의 눈은 보기 위해서가 아니라 알기 위해 존재합니다. 우리에게는 풍화를 단지 보는 데 그치지 않고 그것을 해석하고 읽어낼 내면의 힘도 있지요. 읽어낼 이야기가 없다면, 도시는 밋밋한 평면의 도시에 그치고 말 것입니다. 우리에게는 설레는 마음으로 탐험할 수 있는 입체의 도시가 필요합니다. 이 팝나무그림책도서관의 팝업북처럼 말입니다.

그냥 들어갈 수 있을까

: 다가여행자도서관

'사각사각.' 재즈는 가끔 그런 식감입니다. 처음엔 새콤하다가 점점 단맛이 나는 햇사과 같다고나 할까요? 2층에서 '사각사각' 재즈가 들려옵니다. '플라이 미 투 더 문Fly me to the moon'입니다. 더블베이스가 2층의 공기를 1층까지 '둥둥' 밀어내고, 드럼 브러시 연주가 엷은 파도처럼 느리게 밀려왔다 빠져나갑니다.

1층에서 다가여행자도서관 개관식이 열리는 동안 2층에서는 시민들을 위한 재즈 공연이 진행되었습니다. 시끌벅적한 개관식에서도 음악은 소음 속으로 흡수되지 않고 자신의 결로 소음을 부드럽게 뚫어냅니다. 소음을 이기려 하지 않고 음악의 본질에 집중하기 때문이지요. 소음을 이기려는 연주는 오히려 소음에 소음을 더하고 맙니다.

몇 년 전 아주 추운 겨울날이었습니다. 좋아하는 맥주를 평소 실력보다 넘치게 마시고는 전주 웨딩거리를 걸었습니다. 저벅저벅 걷다가 문 닫힌 작은 건물 앞에 도착했는데, 물끄러미 바라보니 오래전에 폐쇄된 다가동 치안센터였습니다. 회색빛의 때 구정물이 원래는 하얗던 건물 전체를 뒤덮고 있었지요. 한때는 이 작은 치안센터의 불빛이 다가동 골목에 큰 위로가 되던 시절도 있었습니다.

하지만 이제 30년이 넘은 낡고 작은 건물은 조악하기만 하고, 이 골목에는 위로마저 떠났습니다. 떠날 수 없어서 남아 있거나, 떠나보낼 수밖에 없어서 남겨진 구도심은 겨울엔 더 황량하고 외롭습니다. 그 자리에 서서 치안센터를 한참 바라보았습니다. '이 건물이 다시 이 골목에 위로가 될 수 있을까?' 그 치안센터가 다가여행자도서관이 되었습니다.

2년 가까이 준비한 도서관의 개관식은 코로나로 생겨난 인원 제한 때문에 오전과 오후로 나눠 두 번 진행되었습니다. 들어오는 사람들 모두 화들짝 놀라며 한마디씩 합니다.

"세상에, 이거 진짜 관공서 맞아?"

1층에서 유쾌한 개관식을 마치고 좁은 계단을 올랐습니다. 높지 않아 몇 걸음이면 2층에 도착합니다. 오르는 걸음에 음악이 더해지니 발걸음도 경쾌해집니다. 우리 지역의 재즈 연주자들의 공연이 한창입니다. 이렇게 실력 있는 예술인들이 지역을 지키는 건 참 고마운 일이지요. 서너 발짝 떨어진 가까운 곳에서, 더군다나 도서관에서 듣는 재즈의 맛은 색달랐습니다. 곡이 끝날 때마다 가슴 절절한 박수로 몇 번이고 존중과 감사를 표했습니다. 공연이 끝나고 연주자들이 악기를 정리하는 동안, 도서관 직원들과 함께 단체 사진을 찍었습니다. 연주자들의 리더가 제게 말을 건넸습니다.

"시장님, 저희 연주자들하고도 사진 한번 찍으시죠."

"저야 영광이죠."

훈훈했습니다. 사진을 찍고, 옆에 있던 드럼 연주자에게 저도 웃으며 말을 건넸습니다.

"저는 아트 블래키Art Blakey를 좋아합니다."

연주자들이 다들 파안대소합니다. '헉, 시장님이 아트 블래키를 알아요?' 하는 표정입니다. 드럼 연주자도 "제가 가장 존경하는 드러머가 아트 블래키입니다"라고 대답했습니다.

재즈 드러머인 아트 블래키는 특히 1950년대 중반부터 1960년대 중반까지 전성기를 보낸 재즈의 전설 중 한 명입니다. 리더로서 재즈메신저스Jazz Messengers를 결성하고 하드 밥Hard Bop 스타일의 재즈 장르를 정립했지요. 아트 블래키는 악보를 볼 줄 몰랐는데, 사람들은 그 사실을 알아채지 못했습니다. 곡을 들으면 몸으로 기억하는 천재였기 때문입니다. 그럼에도 그는 겸손함을 잃지 않는 예술가였습니다.

"그냥 들어왔어요."

오전 개관식과 재즈 공연이 마무리되고 나서도 제법 긴 시간 도서관에 머물렀습니다. 두세 명씩 사람들이 들어오기 시작했지요. 밖에서 호기심 가득한 눈으로 바라보더니 이내 안으로 발길을 옮겼습니다. 개관 첫날임에도 꽤 많은 사람이 들어와 내심 놀랐습니다. 홍보를 한 것도 아니고 초대한 것도 아니었는데 말입니다. 누군가가 들어올 때마다 결례를 무릅쓰고 여쭈었습니다.

"어떻게 알고 오셨어요? 실례지만 어디서 오셨나요?"

남원에서, 순천에서, 서울에서, 수원에서, 그리고 전주에서 많은 분들이 오셨습니다. 대답도 한결같이 재미있었습니다. "여기 있는 책 팔아요?", "이거 진짜 시에서 운영해요?", "여기 입장료 받아요?", "이 책 어디서 구입했어요?"……. 그중 한 분의 대답이 인상적이었습니다.

"이 건물이 자꾸 부르네요. 그냥 들어왔어요."

공직자로 일하면서 처음 듣는 말이었습니다. 공공기관이나

공공장소에는 '그냥 들어오기' 쉽지 않습니다. 공공기관 특유의 묘한 권위주의적 잔상과 잔재가 남아 있기 때문이지요. 시민들의 입장에서 보면 공공기관은 여전히 환대하기보다는 경계하는 느낌이 강합니다. 도시의 공공장소는 으레 주변 건물보다 더 높고 넓게 지어집니다. 도시의 깃발도 나부껴야 하고, 도시를 상징하는 문양이나 표어에도 어떻게든 힘을 줘야 하지요. 그러나 공공장소의 본질은 건물의 몸집에 있지 않습니다. 깃발과 상징 문양, 굳센 표어에 있는 것도 당연히 아닙니다.

'그냥 들어왔다'는 말에 곧바로 아트 블래키가 떠올랐습니다. 재즈 연주에서 드럼은 최고의 권력을 가졌습니다. 얼마든지 드럼을 두들겨 패서 무대를 지배할 수 있고, 가장 큰 소리로 다른 연주를 잠재울 수도 있지요. 그러나 아트 블래키는 힘을 뺄 줄 아는 연주자였습니다. 그는 가장 생동감 넘치고 강렬한 드러밍을 구사할 수 있었지만, 동시에 절제의 미학을 갖춘 연주자였습니다. 다른 연주자들을 위해 마음을 비울 줄 아는 따뜻한 사람이었던 그는, 재즈 공연에서 연주자 모두의 고유한 사운드가 존중받아야 한다는 깊은 철학을 가지고 있었습니다. 그러기 위해서 권력을 내려놓았던 것입니다.

이러한 절제의 미학은 예술 분야에서만 가치 있는 것은 아닙니다. 갖은 유혹에도 불구하고 권력을 내려놓는 것, 힘을 빼는 것이야말로 가장 아름다운 도시의 미학입니다. 다가여행자도서관은 골목보다 더 높아지려 하지 않습니다. 휘날리는 깃발과 상징 문양, 표어도 찾을 수 없습니다. 다만 다른 인상과 태도, 언어로 시민들을 환대합니다. 도서관 입구 앞에는 단 두 개의 안내판이 세워져 있습니다. 하나의 안내판에는 '다가여행자도서관'이라는 이름이, 또 다른 하나에는 '입국 09:00, 출국 18:00'라는 짧은 문구만이 쓰여 있습니다. '여행자'도서관이니까요. 출입문에는 'B1 다가독방, 1F 다가오면(별빛 책장, 책정원, 책풍덩), 2F 머물다가, 3F 노올다가'라는 이름들로 도서관 전체

- '그냥'은 수많은 이유를 단박에 젖혀버리는 가장 편한 말입니다. 그렇게 편한 마음으로 우리 시민들이 이곳에 오시면 좋겠습니다.

를 안내합니다. 문을 열고 도서관을 들어가면 그야말로 관공서의 '관' 자는 물론 비슷한 뉘앙스조차 찾을 수 없습니다. 늘 보던 열람실 1, 2, 3이나 지하 1층, 지상 1, 2층이란 표현, 옥상 출입금지 같은 팻말은 전혀 보이지 않지요.

도서관에 작고 예쁜 인형 몇 개가 놓여 있어 직원에게 물었습니다. 직원 한 분이 대답합니다. "저희 직원 집에 있었던 인형인데요. 이 도서관에 너무 잘 어울릴 것 같다고 갖다 놓은 거예요. 사람들이 좋아할 것 같다고요."

직원들의 마음속에는 관공서의 권력이 아니라 시민들의 기쁨이 있었습니다. 직원들은 공공장소가 어떤 방식으로 힘을 빼야 하는지 섬세하게 이해하고 있었지요. 공공장소의 미학은 시민들의 삶의 연주가 빛날 수 있도록 배경이 되어주는 것입니다. 아트 블래키처럼 말입니다. 그것이 공공장소의 본질입니다. 본질에 집중하면 도시의 소음을 뚫고 시민들께 다가갈 수 있습니다. 도시가 권력의 마음을 비우면 오늘 같은 일이 벌어집니다.

"그냥 들어왔어요."

여행은 서서 하는 독서이고
독서는 앉아서 하는 여행이다

**Travel is a standing book
and reading is a sedentary journey**

시작할 수 있는 능력

책사랑포인트 책쿵20

가끔 동네 책방이나 지역 서점에 가곤 합니다. 몇 해 전, 전주 성매매 집결지였던 '선미촌'에 자리한 '물결서사'에 들렀습니다. 성매매 업소였던 이곳은 전주시에서 매입한 건물에 청년 예술가들이 예술과 도시 실험의 용기를 담아낸 동네 책방입니다. 선미촌 4호점이지요. 선미촌 재생을 위해 전주시에서 매입한 네 번째 건물이라는 별칭입니다. 이 책방은 2019년 1월 문을 열었는데, 어려운 장소에 문을 연 만큼 늘 응원하는 마음이 컸습니다. 책방지기에게 말을 건넸습니다.

"요즘 책 사러 오는 사람들 좀 있어요?"

책방지기의 얼굴을 쳐다보며 대답을 기다렸습니다. 어색한 몇 초가 흘렀고, 머뭇거리던 책방지기와 서로 웃고 말았습니다. 책을 두어 권 사들고 물결서사를 나왔습니다.

물론 다른 동네 책방들도 다니며 고마움과 함께 만만치 않은 현실에서도 잘 버텨주길 바랐습니다. '책방지기들은 종이책의 시절을 알면서도 어떻게 시작할 수 있었을까', '지역 서점들이 이 내리막길에서 붙잡고 있는 건 뭘까' 생각하면서요.

동네 책방은 도시의 골목에 자리 잡은 지식과 문화, 공동체의 거점입니다. 책에 대한 물리적 거리를 친밀한 장소로 변화시키고 독서의 지평을 넓히는 최전선입니다. 동네 책방에는 도시를 살려내는 은근한 힘이 있습니다. 단순히 책을 사고파는 장소 그 이상이지요. 책방에서 열리는 강연, 작가와의 대화나 독서 모임 등은 주민들 간의 유대를 만들어냅니다. 또 각자 다른 분야에 관심이 있던, 흩어져 있는 개인들을 하나의 가치 공동체로 묶어 삶의 다양한 면을 넓히기도 하지요. 근래에는 대형서점이나 온라인 서점이 주목하지 않는 주제들이나 독립 출판물을 다루는 책방들이 많아졌습니다. 이들은 다양한 큐레이션을 통해 우리 사회가 놓치고 있는 소중한 가치들에 주의를 기울이게 합니다. 그 과정에서 주류 문화에 대한 비판적·대안적인 관점을 촉발하는 발화점이 되기도 하고요. 동네 책방은 우리 사회의 사회적·문화적 다양성을 담보하는 거점들입니다.

아울러 동네 책방은 늘 '지역'에 관심을 두고 주변의 시민들이나 작가들, 골목의 목소리를 듣습니다. 그 과정에서 도시의 이슈를 색다른 방식으로 제기하며 조용한 시위 현장의 역할을 맡기도 하지요. 책방지기들의 기획은 한 지역과 그 골목의 정체성을 지키고 골목의 독특한 분위기를 만들어냅니다. 독자들은 그곳에서 성찰과 사유를 만끽하며 개인적 경험과 취향을 쌓아가는데, 그 과정에서 몸과 마음에 밴 동네 책방은 떼어낼 수 없는 소중한 삶의 장소가 됩니다.

이렇듯 책방은 도시에 무척이나 소중한 존재지만 현실은 녹록지 않습니다. 경제적 이유만으로는 운영할 수 없는 고단한 업이니까요. 책방지기 대부분은 책과 책방의 가치에 주목함으로 그 어려움을 이겨내고 있습니다. 동네 책방의 가치를 이야기하는 게 오히려 그분들의 어깨를 더 무겁게 하는 건 아닌지 조심스러워지기도 합니다. 어쩌면 철없이 이 글을 쓰는 순간에도 말입니다.

어느 날 주변의 지인들과 간부들에게 의견을 구했습니다.

"시민들이 동네 책방이나 지역 서점에서 책을 구입할 때 책값의 20~30퍼센트 정도를 우리 시에서 지원하는 방안을 찾아보면 어떨까요? 시민들 대부분이 온라인 구매로 돌아섰고, 또 책을 읽지 않는 시대이기도 해서 동네 책방이나 지역 서점이 어렵게 한 발씩 내딛는 상황이잖아요. 우리가 응원하지 않으면 더이상 버티기도 쉽지 않을 것 같은데. 특히 시민들 부담도 덜어드리고 또 동네 책방이나 지역 서점으로 발걸음을 옮길 계기가 되기도 하고. 결국 이걸 통해서 책 읽는 기회가 생기면……."

의견을 구한 대부분의 지인들과 간부들이 난색을 표합니다. 사실상 조심스러운 반대 의견인 셈이지요.

"그런데 시장님, 쉽지 않아 보이는데요. 일단 다른 소비재도 많은데 왜 책을 살 때만 시에서 지원하느냐고 반대도 많을 것 같고, 책값을 지원한다고 해서 시민들이 동네 책방이나 지역 서점을 찾을 것 같지 않아요. 책을 읽는 사람 자체가 많지 않기도 하고, 인터넷으로 주문하면 집에서 바로 받을 수 있잖아요. 읽고 싶은 책은 정말 빨리 받아보고 싶거든요. 돈도 돈이지만, 그런 편리함 때문에 온라인을 선호하는 거여서……."

"그래요. 말씀은 이해가 가는데 그래도 일단 시작해 봅시다."

저도 알고 있습니다. 간부들이나 직원들과 대화를 하다 보면 반사되어 오는 느낌이 있습니다. 제가 이 책에서 제안이라는 표현을 쓰고, 또 현실에서 직원들을 존중하며 이야기해도 직원들은 '시장님 지시사항'이라고 메모합니다. 시장이 지시한 다고 해서 마음속으로 다 받아들이는 건 아닙니다. 시간이 지나면서 그 지시사항이 합당하다고 느끼고, 또 그 지시사항에 따른 일들이 성공의 경험으로 이어질 때 일에 속도가 붙지요. 그 또한 직원들의 표정을 보며 가늠을 합니다.

성공 여부를 떠나, 일이 많아지는 건 누구도 좋아하지 않습니다. 더구나 그 정책이 처음 하는 일이고, 일에 대한 확신이 서지 않을 때는 차마 거부하진 못해도 썩 내키지 않는 게 사실입니다. 이번 일 또한 정책의 실효성을 두고 의견이 분분했습니다. 그러나 그동안 일의 과정에서 직원들이 '잘해낸 경험'과 자부심을 가지고 있는 터라, 가보지 않은 길이라도 서서히 움직이기 시작합니다. 어느덧 정책의 얼개가 잡히고 내용이 촘촘해지더니, 직원들의 발걸음이 빨라지고 표정도 달라졌습니다. 밝은 얼굴로 직원들이 들어옵니다.

"시장님, 이름은 '책쿵20'입니다. 괜찮지요? '심쿵'이란 말 아시죠? 전주가 '책과 사랑에 빠지다', '전주가 책으로 설레다'라는 의미로 지은 건데……. 참여하는 지역 서점, 책방들은 서른두 곳이고요. 첫 협약식은 (2021년) 7월 26일입니다."

어느 정책을 편다고 해서 행정이 늘 예측한 대로 진행되는 것은 아닙니다. 충분한 분석과 경험을 통해 기대를 안고 시작하긴 하지만 미래는 누구도 알 수 없기 때문에 새로운 일에는 늘 긴장과 불안이 있습니다. 그래도 해야 하는 일이라며, 실패도 또 다른 경험이라는 배짱이 필요합니다. 궁금했습니다. 우리 도시와 시민들, 동네 책방과 지역 서점이 가야 할 길인데. 협약식 후 50여 일이 지났습니다. 책쿵20에 가입한 시민들이 5800여 명에 육박합니다. 그렇게 또 몇 개월이 지났습니다. 사무실에 있는데 도서관 간부 한 명이 상기된 얼굴로 들어옵니다.

　"시장님, 큰일입니다. 책쿵20 예산이 조기에 소진될 것 같습니다. 이러다가 시민들한테 욕먹을 수도 있겠는데요."

　"와, 시민들이 책을 많이 읽어서 우리가 비난받는다면 정말 행복한 일이네요. 다들 정말 수고 많았어요."

　기뻤습니다. 그리고 책쿵20의 진격은 지금도 계속되고 있습니다. 전주의 웬만한 지역 서점이나 동네 책방 출입구 앞에는 '책쿵20' 홍보 입간판이 서 있고, 실내에도 홍보 전단지가 두어 장씩 붙어 있지요.

좋은 도시는 관성에 머무르지 않는다

다시 시간이 흘렀습니다. 2024년 말 참여 책방은 49개소로 늘었고 회원 수는 3만 명에 근접했습니다. 2024년 7월 전주시가 언론을 통해 발표한 책쿵20 관련 설문조사 결과를 보면 시민들과 동네 책방, 지역 서점 운영자들의 반응도 뜨겁습니다. 책쿵20 가입 시민들의 응답에서는 서비스 가입 후 독서량이 '늘었다'고 응답한 비율이 84.8%', 그리고 도서 구입량이 '늘었다'고 응답한 비율이 85%에 달합니다. 관련한 만족도 조사를 살펴보면 책쿵20 이용 만족도가 94.7%, 도서관 이용 만족도 93.7%, 지역 서점 이용 만족도는 92.9%였습니다. 또한 참여한 책방과 서점의 경우 책쿵20 참여 만족도가 94.7%, 매출 증가 효과 80.4%, 고객 승가 효과 80.4%, 책방과 서점 홍보 효과는 89.1%로, 이 정책의 잠재력을 충분히 가늠할 수 있는 결과를 보였습니다.

2025년 1월 초 한 방송에서 동네 책방을 취재했습니다. 기자는 책쿵20 덕분에 손님의 발길이 부쩍 늘고 차츰 단골도 생겨나고 있다고 언급하면서 책방지기를 인터뷰했습니다.

"책쿵20으로 아이들 책을 사준다든지, 독서 동아리 활동하는 책을 산다든지 그랬을 때 굉장히 이용률이 높았고, 만족도도 높았습니다."

책쿵20이 우리 시대가 가야 할 길에 우산 같은 존재가 되어서 다행입니다. 책쿵20은 시민들과 동네 책방, 지역 서점과 전주시 상호 간의 호응과 지지로 '책 읽는 도시'의 하나의 흐름을 만들어내고 있습니다. 책방과 서점들은 여전히 힘들지만 책쿵20으로 우리 도시의 사회적 지지를 실감하고 있는 것이지요.

'시작이 반이다.' 그것이 단지 시작이 만들어내는 반쯤의 양적인 성과를 말하는 것은 아닐 터입니다. '시작이 반이다'는 용기에 관한 이야기입니다. 정도야 다르겠지만, 모든 시작에는 늘 용기가 필요합니다. 긴 호흡으로 보면 어떤 일에든 처음과 끝이 있지만 그 처음과 끝 사이에는 작은 시작들이 끊임없이 연속되어 있지요. 시작이 없으면 변화도 없습니다. 개인의 삶도, 도시의 인생도 마찬가지입니다. 없던 것을 새롭게 시작하는 것, 이미 있는 무언가를 더 낫게 바꾸기 시작하는 것, 실패한 일을 다시 시작하는 것, 모든 시작에 용기를 주는 것이 바로 관점입니다.

새로운 것을 해석하고 시작하는 능력, 즉 인간이 반드시

죽는다 할지라도 죽기 위해서 태어난 것이 아니라 시작하기
위해서 태어났다는 사실을 상기시키는 행위의 내재적
능력이 없다면, 죽음을 향해 달려가는 인간의 생애는 반드시
인간적인 모든 것을 황폐하게 만들고 파괴할 것이다.

— 한나 아렌트, 『인간의 조건』(한길사)

우리는 뭔가 새로워지고 싶은 욕구와 그냥 있고 싶은 관성,
두 가지 본성을 가지고 있습니다. 좋은 도시는 관성을 깨고 새
로운 변화를 맞이할 수 있도록 시민들을 응원하지요. 그래서
앞서 언급한 것처럼 공공장소의 가치 중 하나는 '사회적 설득'
입니다. 삶의 관성을 그대로 바라만 보고 있는 것은 좋은 태도
가 아닙니다. 도시의 시작하는 능력은 시민들의 삶과 직결됩
니다. 도시의 시작이 쌓여 시민들의 삶의 방식을 만들고, 시민
들의 삶의 방식이 하나의 문화로 자리 잡으면 도시는 역사를
새롭게 써 내려갑니다. 어떤 역사를 만드느냐에 따라 시민들
삶의 충만함도 결정됩니다.

책쿵20을 시작하지 않았다면 시민들에게, 서점과 책방에게
아무 일도 일어나지 않을 것입니다. 변화의 누적은 힘이 있습
니다. 그리고 전주에는 책쿵20이 만들어낸 변화가 누적되고

있습니다. 측정할 수 없지만 책을 통한 시민들의 삶의 변화도 누적되고 있을 것입니다.

어느 도시나 '시작하지 않는 능력'은 출중할 수 있습니다. 중단할 수 있는 능력, 포기할 수 있는 능력은 어느 도시에게나 있지요. 그러나 새로운 정책을, 새로운 도전을 시작하는 도시는 많지 않습니다. 좋은 도시는 새로운 관점으로 새롭게 시작할 수 있는 도시입니다. 좋은 도시에는 '할 수 있는 일'과 '할 수 없는 일'이 있는 게 아니라, 시작할 수 있는 용기를 가진 사람들과 그렇지 않은 사람들이 있을 뿐입니다. 누구도 미래를 알 수 없음에도 불구하고 말입니다.

PART 4

도
시
의 확
장

도시의 경험적 확장이
삶의 확장입니다

동네 골목에
도서관을 짓는 이유

제가 늘 심중에 두는 수전 손택의 책『타인의 고통』에 실린 글을 소개해 봅니다. 손택이 제 55회 프랑크푸르트 도서전에서 '독일출판협회 평화상'을 받은 후 행한 연설 중 일부입니다. 이 글은 저 자신이나 도시를 대할 때면 기도와 같은 영감을 주곤 합니다.

> '낡은' 것과 '새' 것은 이 세상을 인식하는 모든 정서와
> 감각의 영원한 양극입니다. 우리는 낡은 것 없이 살아갈 수
> 없습니다. 낡은 것 안에는 우리의 과거, 우리의 지혜, 우리의

기억, 우리의 슬픔, 우리의 현실 감각이 모두 다 들어 있기

때문입니다. 마찬가지로 우리는 새 것에 대한 믿음 없이

살아갈 수 없습니다. 새 것 안에는 우리의 활기, 우리의

낙관 능력, 앞뒤 가리지 않는 우리의 생물학적 열망, 화해를

가능케 하는 치유 능력으로서의 망각 능력이 모두 다 들어

있기 때문입니다.

— 수전 손택, 『타인의 고통』(이후)

도시도 마찬가지입니다. 도시의 진면목은 '낡은 것'과 '새 것'의 이질적 충돌이 아닌 '낡은 것'과 '새 것'의 포용적인 마주함에 있습니다. 그러나 많은 도시가 '낡은 것들'은 '버려야 할 것'으로 간주하며 외면하고 맙니다.

구도심, 즉 '낡은 것'을 단순히 낡은 표면만 바라보지 않고 우리의 과거와 기억으로 받아들인다는 것은, 그곳에 시민들의 삶이 함축되어 있음을 이해한다는 뜻입니다. 구도심은 도시의 먼 기억과 맞닿은 곳이지요. 우리의 감각은 과거의 기억과 현재, 미래를 교차시키고 헤아리며 감정을 불러일으키기에, 기억이 없으면 감정도 생겨나지 않습니다. 그래서 구도심에는 도시의 영혼이 살아 숨쉽니다. 그 안에 담긴 수많은 도시의 기억이 우리의 감정을 울렁이게 하면서 말입니다.

한옥마을 근처에는 '동문헌책도서관'이 있습니다. 가끔 이 이름의 의미에 대해 질문을 듣곤 하지요. 도서관에서 전주의 가장 오래된 서점인 홍지서림 쪽으로 잠시 걷다 보면 작은 사거리가 나오는데, 이곳이 전주부성의 동문 자리입니다. 그래서 전주 사람들은 이 골목을 '동문거리'라고 부릅니다. 아울러 동문헌책도서관의 '헌책'은 낡아서 버리는 책이 아니라, 다시 찾아서 읽어야 책들과 많은 분들의 내 인생의 책들, 희귀본, 추억의 책들을 의미합니다. 이 '동문'과 '헌책'의 상징을 담아 탄생한 곳이 동문헌책도서관입니다. 여기서 다가여행자도서관까지가 약 1킬로미터인데, 이 골목을 책의 거리로 다시 부흥케 하자는 의지를 담아 조성한 곳이기도 합니다.

여기는 한때 '홍지서림 골목'이라는 또 다른 이름으로 불리기도 했습니다. 홍지서림이 1963년도에 개업했으니, 지금까지 무려 60년이 넘는 세월 동안 자리를 지키며 골목도 그 이름으로 불려왔던 겁니다. 이제는 한때 즐비했던 헌책방들이 모두 사라지고 한가네서점과 일신서점 두 곳만이 남았습니다. 홍지서림은 전주시 미래유산 15호, 한가네서점은 미래유산 34호로 지정되었습니다.

전주의 미래유산 정책은 시장 재임 시절에 시작했습니다. 미래 세대에게 전해줄 도시의 기억과 경험, 추억이 쌓인 유무

헌책은 과거와 현재가 만나
미래로 나아가는 다리입니다

● 사실 헌책이란 없습니다. 읽을 수 있
기만 하다면, 읽을 때마다 모두 다 새
책이지요. 그래서 동문헌책도서관은
그 헌책의 역설을 담은 곳입니다.

형의 자산을 남기자는 의도였지요. 도시의 기억에 그 도시의 '맥'이 있기 때문입니다. 새로운 것을 선호하는 시대, 새로운 것이 많아지는 시대에 도시가 거쳐온 시간은 상대적으로 더 큰 가치를 가집니다. 세상에 하나밖에 없는 그 도시의 자산이 자 유산이니까요. 눈에 보이는 물리적 구조만이 도시의 본질은 아닙니다.

어느 날 동문헌책도서관을 둘러보고 있는데 시민 한 분이 다가왔습니다.

> "시장님! 아니, 왜 이렇게 동네 골목에 도서관을 만드는 거예요? 찾기 힘들었네요."
>
> "아, 말하자면 긴데요. 여기저기 다니기 힘들어서 그러세요? 혹시 어떤 점이 불편하신가요?"
>
> "아니요, 정겹고 좋아서요. 제가 다 가봤거든요. 금암, 송천, 평화, 학산, 서학, 연화정, 첫마중길……."

그러면서 전주를 다 돌아다니고 있다고 말하며 웃었습니다. '왜 동네 골목에 도서관을 만드냐', 비슷한 질문을 여러 번 받았습니다. 또 어떤 분들은 이렇게 골목 도서관의 예산을 모아 도시 외곽에 기념비적인 도서관을 새로 지으면 어떠냐고 하기도 합니다.

그러나 '지킬 것은 지키는' 게 진정한 변화입니다. 이 방식이 전주가 도시를 대하는 태도이기도 했지요. 구도심을 그저 낡은 공간이 아니라 '도시의 기억과 감정이 스며든 장소'로 받아들이자는 것입니다. 그래야 다양한 삶의 모양과 가치들을 발견할 수 있으니까요. 구도심 골목의 작은 건물을 도서관으로 재생하거나, 오래된 도서관을 부수지 않고 변화를 주는 것은 하나하나의 장소성과 다양성을 담보하려는 시도였습니다. 도시의 기념비적 공공장소는 '거대함'이 아니라 가장 인간적인 가치에서 나오기 때문입니다.

도시가 동네를 응원하자

일반적으로 도시의 가장 중요한 성과 중 하나는 효율성입니다. 도시는 효율성을 기준으로 운영되지요. 이 관점에서 보면 사람은 떠나가고 접근성이 떨어지며 주차장도 없는 구도심에 공공장소를 짓는 것은 좋은 정책이 아닙니다. 효율성과는 거리가 머니까요. 그러나 효율성만으로 도시가 작동된다면, 도시는 더 소중한 가치를 잃어버리게 됩니다. 도시는 공장이 아

● 홍지서림과 한가네서점을 미래유산으로 정했지만, 사실은 미래유산이
되지 않길 바랍니다. 많은 시간이 흐른 뒤에도 '기억해야 할 유산'이 아니
라, 여전히 책을 사고파는 '현재의 장소'가 되었으면 좋겠습니다.

니기 때문이지요. 경제적·물리적 최적화에만 몰두한다면 도시
는 복원할 수 없는 삶의 가치들을 잃어버리고 맙니다.

『다정함의 과학』이라는 책이 있습니다. 저자 켈리 하딩은 미
국 컬럼비아대학교 메디컬센터의 정신의학 교수입니다. 이 책
은 '우리가 의학에서 놓치고 있는 것은 무엇인가?'라는 질문으
로 시작합니다. 그러면서 질병의 원인과 치료가 '사회적 유대'
와 관련이 있음을 여러 사례를 들어 설득하지요. 그중 한 챕터
가 '동네와 이웃'입니다. 저는 도시 관련 학자도 아닌 의사가,
'당신이 사는 곳이 당신의 삶을 결정한다'면서 동네 이야기를
하는 게 재미있고 신기했습니다.

하딩은 또한 "동네는 그저 물리적 장소가 아니라 공동체 의
식과 연결의 공간이다"라고 적습니다. '우리가 왜 함께 살아가
야 하는지'의 본질이지요. '동네'라는 개념은 그 동네 주민들의
공동체 의식을 만들고 연결해 줄 뿐 아니라 나아가 도시 전체
를 연결해 줍니다. 공동체 의식과 연결의 가치는 사회적 지지
와 연대의식을 촉진한다는 데 있습니다. 공동의 문제를 해결
하고 시민들의 고립감을 해소하는 기반이 되지요. 우리가 동
네를 응원해야 하는 이유입니다.

또한 구도심이 가지고 있는 역사와 시간, 기억의 가치는 지
역의 문화자산임과 동시에 도시의 정체성을 지켜가는 버팀목

입니다. 구도심의 공공장소가 도시를 되살리기 위한 중요한 전략 중 하나가 되어야 하는 이유입니다.

구도심에 가보면 낡거나 오래된 건물과 간판, 양옥집, 대문과 담벼락, 담장 밖으로 뻗는 나무줄기와 꽃 무더기들이 정겨움과 편안함을 줍니다. 하지만 이런 시각은 어쩌다 한 번쯤 가는 관광객의 시선일 수도 있습니다. 막상 구도심에 실제로 거주하는 시민들은 부실해진 생활 인프라로 어려움을 겪지요. 친구들이 떠나고 상권이 사라진 자리에는 빈집과 빈 가게만 남고, 저녁에는 정적만이 동네를 지킵니다. 소란과 웃음소리, 불빛과 음악은 어느새 사라지고 한여름 평상에서 정담을 나누던 어르신들의 모습도 보이지 않습니다. 그렇게 쇠락하는 골목이 몇 개가 늘어나면 동네도 견디질 못합니다. 결국 쇠락의 임계점이 넘으면 그 동네는 오랫동안 방치되거나 재개발이 시작되지요. 포클레인이 무자비하게 농네를 무너뜨립니다.

동네를 살리려면 그곳의 정취를 거스르지 않으면서도 함께 '새 것'에 대한 기대를 모아갈 골목의 거점이 필요합니다. 그것이 전주의 작은 도서관들이 맡은 역할 중 하나입니다. 서학예술마을도서관, 다가여행자도서관, 한옥마을도서관, 금암도서관, 평화도서관, 인후도서관, 삼천도서관, 동문헌책도서관, 완산자작자작도서관, 송천도서관, 서신도서관, 쪽구름도서관…… 모두 기존 도서관을 재생하거나 다른 용도의 건물이 탈바꿈된 동네 도서관들입니다. 오랫동안 동네의 골목골목을 지키고 있었던 장소들입니다. 이들은 책이 가지는 본래의 가치를 전하고, 더불어 동네를 지키고 살리는 작은 구심점이 됩니다.

발길이 거의 끊긴 옛 도서관을 새롭게 단장하고 구도심의 오래된 골목에 도서관을 짓는 것은 결국 '사람' 때문입니다. 쇠락해 가는 골목에도 끝까지 버텨주는 사람들과 노포 몇 곳이 있습니다. 그 고군분투하는 골목에, 정겹지만 쓸쓸한 동네에 공공의 응원이 필요합니다.

어느 골목 도서관에 한 동네 주민이 메모를 남겼습니다.

"이 거리에 도서관이 생길 거라고는 전혀 예상치 못했는데 색다르고 재미있습니다."

도서관의 응원은 아직 시작 단계입니다. 그러나 하나의 계기를 만든다는 점에서 의미를 찾을 수 있습니다. 동네 도서관은 동네 사람을 향한 마음으로 시작해, 자칫 지루해질 수 있는 골목에서 반전을 꾀합니다. 기존 건물을 부숴버리고 도서관을 새로 짓는 것은 가장 빠르고 쉬운 길입니다. 제한 없는 건축적 상상력을 발휘할 수도 있지요. 현장에서는 재생하는 것이 신축보다 더 어려울 때가 많습니다. 비용이 더 들어가는 경우도 있고, 아울러 완공 후 유지하고 관리하는 것도 더 어렵습니다. 그럼에도 재생을 선택하는 것은 장소의 기억과 골목의 풍경을 지키기 위함이며, 동시에 일상화된 편안함에 새로움을 더하기 위함입니다.

요즘 도서관에 가보면 전보다 책 읽는 어르신들이 많아졌습니다. 아이들도 더 눈에 띕니다. 도서관은 세대를 연결합니다. 한 세대가 아니라 두어 세대를 함께 머물게 합니다. 어르신들과 아이들이 함께하는 일상을 볼 수 있는 것은 정이 넘치는 근사한 일입니다. 도시의 응원이 오래된 골목에 새로운 취향을 만들어냅니다. 편하고 익숙한 골목은 가끔 우리를 한없이 늘어지게 만들기도 합니다. 동네 도서관은 그 익숙함에 작지만 신선한 파격을 주지요. 편안하면서도 새로운 즐거움입니다.

공공장소의 수준이 시민의 삶의 수준이다

: 전주시립도서관 꽃심

도시공학을 전공한 서울의 한 대학 박사님이 전주의 도서관들을 돌아보고 남긴 글입니다.

"도시공학자로서 늘 안타까웠던 점은 공간의 힘, 삶의
변화는 특정 여유 있는 사람들만의 점유물이라는 것이었다.
어떤 사람은 태어나서 죽을 때까지 멋진 장소에서 꿈같은
시간을 한 번도 누리지 못한 채 생을 마감하기도 한다.
약 20여 년간 도시를 공부하면서 '개인의 집과 환경을
모두 개선하고 멋지게 채워줄 수는 없지만, 도시의
공공공간이라면 그것을 할 수도 있지 않을까?' 이런 호기로운
생각을 했었다. 그러나 오히려 그것이 개인의 공간을
변화시키는 것보다 더 어려운 일이라는 한계를 인정하려 할
즈음, 운명처럼 전주의 공공도서관을 만났다. 좋은 장소를
누리다 보면 내가 마치 어제의 내가 아닌 다른 사람이 된 것
같다. 소설 속 주인공 혹은 드라마의 주인공이 된 것 같은
느낌. 그렇다. 주인공으로 살아보게 하는 것이 좋은 공간이
주는 힘인 것 같다. 공공이 그런 공간을 시민들에게 적어도
한 번, 아니 일상으로 제공하는 것이야말로 선진국, 선진
도시의 시작이자 끝인데 말이다."

소설 속 주인공이 되어 살아보는 것은 꿈에서나 가능한 일이지요. 그런데 단지 꿈으로 끝날 꿈을 공공장소가 이뤄줄 수 있다면 얼마나 좋을까요? 그것이야말로 한 도시가 꾸는 가장 따뜻한 꿈일 것입니다. 주인공까지는 아니더라도 내가 존중받는다는 느낌을 받을 때 사람은 자존감과 행복감으로 충만해집니다. 고단함이 짓누르는 삶 속에서 공공장소가 시민들을 위로해 줄 수 있다면, 그때부터 공공장소는 시민들에게 좋은 집이 되지요. 그래서 공공장소의 수준은 곧 시민들의 삶의 수준입니다.

전주시립도서관인 꽃심 2층으로 올라갈 때면 각자의 방법으로 행복을 만끽하는 시민들의 모습이 보입니다. 예전 도서관에서는 볼 수 없었던 생경한 장면들이 펼쳐지지요. 2층으로 올라가는 통행 계단 옆에는 독서 공간으로 마련된 대형 계단이 있습니다. 첫 계단을 보니 엄마와 누나, 동생과 친구가 모두 신발을 신은 채로 계단에 앉아 있습니다. 초등학교 5, 6학년쯤으로 보이는 누나는 바로 옆에 책을 몇 권이나 쌓아둔 채 독서에 빠져 있고 엄마는 다리 사이에 책을 끼워둔 채 휴대폰에 열중입니다. 동생과 친구는 책에 몰두해 심각해 보입니다.

한 계단을 더 올라가 보니 이번엔 할머니와 손녀가 신발을

꽃심도서관의 계단은
저에게 강렬한 장면입니다.
계단은 수직적이고,
목적지와 목적지를 잇는 이동 구간이지요.
그런데 그 계단이
이렇게 편한 목적지가 된 것입니다.
우리 도시에는 이동하는 구간보다
머물 수 있는 목적지가 많았으면 좋겠습니다.

벗고 앉아 있습니다. 검정 털모자를 쓴 할머니가 천천히 책장을 넘깁니다. 한 계단을 더 올라가면 2층으로 올라가는 모퉁이 공간입니다. 이곳엔 의자가 네댓 개 있는데 한 가족이 다 차지했습니다. 엄마와 아빠 사이에 앉은 어린 아들에게 아빠가 책을 읽어줍니다. 올라가는 계단마다 신발과 겉옷이 한 더미씩 놓여 있습니다. 누워서 책을 보는 아이들과 그 옆에 쌓인 책들, 방석을 무릎 위에 얹고 책을 읽는 엄마, 한 손에 책을 들고 서가를 응시하는 어르신. 아예 계단 하나에 엎드리거나 누워서 책을 읽는 친구들까지 등장했습니다. 그야말로 시민들의 서재 또는 거실이 된 것이지요. 이곳에 타인의 시선은 없습니다. '우리가 이렇게 다양한 표정과 자세로 도서관을 이용한 적이 있었을까?' '도서관에서 이렇게 편하고 안락하게 책을 읽은 적이 있었던가?' 도서관이 변화시킨 시민의 삶을 목도했습니다. 제 옆을 지나가던 한 가족이 속삭입니다.

"1층 유아실 가봤어? 저 소파 한번 봐봐. 수유실도 보고. 여긴 무슨 호텔 같아."

이런 풍경은 전주 도서관 역사 75년 만에 처음 있는 일입니다. 공공장소의 무한한 가능성을 어렵지 않게 확인할 수 있습니다.

이 도서관의 이름이 꽃심입니다. 오시는 분들마다 그 의미를 묻습니다. 재임 기간 중 가장 역점을 두었던 시정 방향이 '전주를 더 전주답게' 만드는 것이었습니다. 정책 전 분야에 전주다움을 담고자 했고, 그 결과 탄생한 이름이 '꽃심'입니다. 전주가 '전주'라는 지명을 얻은 지 1000년이 훌쩍 넘었는데, 그 긴 역사를 관통하는 전주의 정신을 정립하고 싶었습니다. 그렇게 '전주 정신의 숲 추진단'을 신설하고 시민들과 전문가들의 노력으로 정립된 전주의 대표 정신이 '꽃심'이었습니다. '꽃심'은 '부드럽지만 어려움 속에서도 새로운 생명을 틔어내는 강인한 힘'이란 의미입니다. 최명희 작가의 소설 『혼불』로부터 온 말이지요. 전주를 다니다 보면 가끔 '한국의 꽃심, 전주'라는 표어를 볼 수 있습니다. '세월이 가도 결코 버릴 수 없는 꿈의 꽃심을 지닌 땅', 꽃심이 바로 제가 담고자 했던 도시의 마음입니다. 꽃심은 우리 시에 있는 공공장소의 수준이 어디까지 가야 하는지를 바라보게 합니다.

마음을 담아야 삶을 담아낼 수 있다

대충 만들어진 공공장소는 시민의 삶을 딱 그만큼만 담아냅니다. 기대를 뛰어넘는 공공장소는 또 그만큼 시민의 삶을 더 담아내고요. 물론 변화는 쉽지 않고, 도시가 변해 시민들의 삶도 변하기까지는 견뎌내고 반드시 해내야 하는 과정이 수없이 많습니다. 그래서 부드럽지만 어려움 속에서도 새로운 생명을 틔워내는 도시의 마음이 필요한 것입니다.

좋은 공공장소는 다른 도시와도, 민간 상업 시설과도 경쟁하지 않습니다. 공공장소가 경쟁해야 할 유일한 상대는 바로 시민의 삶입니다. '이 도서관이 생기고 난 뒤 시민들의 삶은 어떻게 변화했을까?' '이 낡은 도서관이 혁신되면 시민들의 삶도 그만큼 나아질까?' 이처럼 '시민들의 어제보다 나은 오늘, 오늘보다 나은 내일'이 공공장소의 유일한 경쟁 상대입니다. 도서관을 통해 시민의 삶이 나아질 때 공공장소의 경쟁력도 살아납니다.

벤치마킹을 위해 전주로 오신 분들을 보면 가끔 안타까운 마음이 들 때가 있습니다. 진짜 중요한 것을 묻지 않기 때문입니다. 그분들은 주로 가구나 조명 등의 브랜드와 가격을 묻고,

인테리어를 살펴며 사진을 찍습니다. 그것도 분명 필요하긴 하지만, 더 자세히 들여다보고 물어야 할 것은 시민들의 변화된 삶입니다. 공공장소의 질은 시민의 삶의 질과 일치하지요. 시민들의 삶이 공공장소의 경쟁 상대라고 생각하면 관점이 달라집니다.

어느 날 도서관 팀장님 한 분이 신이 나서 말했습니다.

"주말에 어르신 한 분이 자주 오시는데 너무 어린 손자를 데리고 오시는 거예요. 한 네다섯 살 정도로 보여요. 손자가 전혀 집중을 못해서 '힘들지 않으세요?' 하고 여쭤봤더니 도서관이 너무 좋으시대요. 서가와 스탠드, 안락한 의자가 마치 내 서재 같대요. 그 서재를 즐기고 책을 읽으러 오신대요. 그리고 손자에게 책 읽는 할아버지의 모습을 보여주고 싶으시대요. 손자가 지금은 싫어하더라도 항상 도서관에 왔던 기억이 쌓이고 쌓이면, 나처럼 이렇게 좋은 곳에 와서 또 이렇게 책을 읽지 않겠느냐고 말이죠. 그 말씀이 너무나 감동적이었어요."

　도서관이라는 공공장소로 할아버지의 삶이 변했습니다. 그리고 새로운 꿈도 생겼습니다. 언젠가 이 손자도 할아버지처럼 공공장소를 향유하고, '할아버지의 책 읽는 삶'을 닮아갈 것입니다.

　내가 만들고 있는 이 도서관이 누군가의 삶의 수준을 결정한다고 생각하면 왠지 이 일이 신성하게 느껴집니다. 그저 도서관이 아니라 누군가의 삶을 바꾸는 일이기 때문입니다. 공공장소의 수준이 곧 시민들의 삶의 수준입니다.

도시를 더 다양하고 넓게 사는 법

: 아중호수도서관

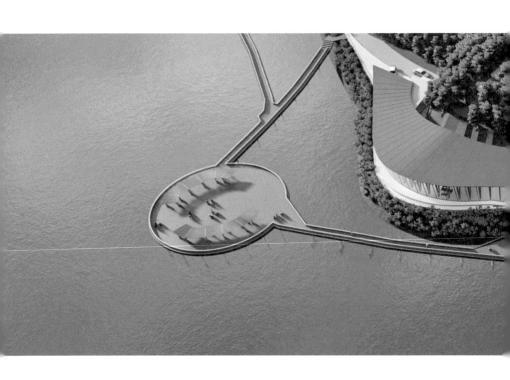

"시장님, 그 긴 도서관 있잖아요. 엄청 길다는 그 아중호수에

짓는 도서관 언제 오픈해요? 진짜 기대하고 있는데…….

근데 얼마나 길어요?"

이렇게 질문한 시민은 알고 보니 아중호수에서 꽤 먼 곳에

사는 분이었습니다. 이분이 느끼는 도시가 점점 다양하고 넓

● 아중호수도서관의 조감도입니다. 이렇게 긴 도서관에 긴 책의 길이 생겨
납니다. 그 길이만큼이나 책이 삶이 될 감동도, 기회도 많아지길 바랍니다.

어지고 있는 것이지요. 좋은 도시에서는 시민들이 도시를 다
양하고 넓게 씁니다. 책에 관심을 갖는 시민들뿐 아니라 유독
많은 분들에게 질문을 받은 곳이 아중호수도서관입니다. 아중
호수도서관은 국내 최장의, 100미터가 넘는 곡선 모양의 도서
관입니다. 숲과 정원, 나무와 꽃, 하천과 호수까지 끼고 있는
이곳은 자연과 도시, 자연과 사람을 잇는 최적의 위치를 점하

고 있습니다.

아중호수 둘레에 설치된 보행 데크를 늘려가며 호수 정원과 도서관을 계획했습니다. 이미 주변에 카페도, 맛집도 많은 지역이기에, 더 이상 호젓함을 잃지 않도록 큰 길 건너의 호동골 정원과 연계한 곡선의 호수도서관을 구상한 것입니다. 또한 호수가 가진 자연의 가치에 책과 도서관이라는 인문의 가치를 입혀, 한 장소에서 복합적인 취향을 누릴 수 있도록 삶의 짜임을 만들고자 했습니다. 도서관을 둘러싼 숲과 물이 만들어내는 경관은 계절과 기후, 날씨와 시간을 가리지 않고 아름답습니다. 도시의 자연은 이제 환경이나 생태의 관점을 넘어 인권이나 복지 등 시민 기본권에 해당합니다.

호수를 따라 걷는 책의 길이 생겨났듯, 책과 자연을 통해 시민들의 다른 삶도 생겨날 것입니다. 많은 시민이 아중호수도서관에 관심을 가진 건 전혀 생각지 않았던 아름다운 곳에서 책을 읽을 수 있다는 기대와 어떻게 호수를 따라 저렇게 긴 도서관이 생겨났을까 하는 궁금함 때문입니다. 완공이 되면 전주 전역에서 또 다른 도시에서 독서가들이 찾아올 것이고, 굳이 책이 아니더라도 많은 시민이 공공장소를 호기심과 기쁨으로 느낄 수 있을 것입니다.

같은 도시에서도 우리는
각기 다른 도시를 산다

같은 도시에 살더라도 경험의 크기와 다양성에 따라 도시의 넓이는 달라집니다. "저는 전주시에 살고 있습니다." 이렇게 전주 시민 모두는 전주시에 살고 있다고 말하지만, 각자가 생각하는 전주시란 몇 개의 장소와 랜드마크, 특정 기관이나 권역에 대한 인식에 불과합니다. 다른 도시들도 별반 다르지 않습니다. 우리에게 도시란 행정구역을 구분할 때나 또 택배를 받기 위해 집 주소를 써야 할 때 정도나 인식하는 개념입니다. 그다지 친밀하게 다가오지 않지요.

전주시 전체 면적은 축구장 3만여 개에 달할 정도입니다. 이렇게 넓은 땅에서, 우리가 '전주' 하면 떠오르는 공간은 나의 집과 직장, 두 곳을 오가는 길, 한옥마을, 월드컵 경기장, 자주 가는 카페, 내가 다녔던 학교와 학원, 시청, 도청, 아파트 단지, 등산로 등 10여 곳 안팎에 지나지 않지요. 제 주변 지인들 대부분이 그렇습니다. 그보다 더 좁게 사는 분들도 많습니다. 특히 요즘은 이동할 때 대부분 차량을 이용하기 때문에 도시를 인지하는 시간과 면이 줄었을 뿐 아니라 공간의 인식 방법 또

한 완전히 변했습니다. 요즘은 거리를 묻지 않고 대신 몇 분 걸리느냐고 시간을 묻지요. 차량으로 말입니다. 도시 공간이 시간으로 치환된 것입니다. 빠르게 이동한다는 것은 다시 말해 빠르게 지나친다는 뜻입니다. 기술의 발달 덕에 움직일 수 있는 도시의 거리는 늘어났지만, 느리고 정겹게 관찰할 수 있는 도시의 사물들은 정작 급격히 줄었습니다. 인간과 도시의 관계는 점점 몇몇 공간에 고정되었고, 관계를 맺는 공간의 면적 또한 축소되었습니다.

오가던 길만, 또 가는 곳만 가게 되는 우리의 삶은 단조롭습니다. 그만큼 우리의 행동과 시선도 몇몇 곳에만 고착되지요. 어느 새인가부터 도시는 몇 개의 의미 있는 장소를 제외하면 그저 삶의 뒤편으로만 존재합니다. 물론 우리가 항상 같은 출퇴근길을 선택하고, 익숙한 장소만을 찾고 심지어 늘 앉는 테이블을 선호하는 것은 인간의 본능에 가깝습니다. 인간은 익숙한 경로나 장소에서는 심리적으로 안전하게 느끼기 때문입니다. 무방비 상태로 노출되지 않고, 어떤 상황에 대비하고 환경을 통제할 수 있다는 데서 안정감을 갖는 것입니다.

또 바쁜 도시를 사는 우리들은 늘 '결정 피로'에 빠져 있습니다. 삶에서 수없이 많은 걱정과 선택에 둘러싸이다 보면, 가급적 에너지가 소모되는 피곤한 결정을 회피하게 됩니다. '이거라도 내 마음대로 하자' 하며 이때 아껴둔 에너지는 다른 중요한 결정에 쓰는 식이지요. 결론적으로 도시의 특별한 경험이나 장소에 변화가 없다면 우리는 도시의 도돌이표 같은 고착된 공간에서 벗어나기가 쉽지 않습니다.

일상성을 벗어난 장소를 경험해 보는 것은 도시를 새롭게 느끼는 계기가 됩니다. 도시를 접하는 면이 넓어지고, 도시 공간에 대한 시선도 확장되지요. 도서관을 다니다 보면 시민들과 자연스럽게 대화할 계기가 생기는데, 꽤 많은 시민이 이미 전주의 도서관 곳곳을 찾아다녔다고 말합니다. 대부분 먼저 말을 꺼냅니다. 한옥마을, 꽃심, 금암, 학산…… 또 아이들과 함께 온 부모님들은 도서관 인근에 있는 생태놀이터까지 찾아다닌다며 반가운 표정을 짓습니다.

"덕진공원 야호 맘껏 놀이터에 처음으로 갔다가 연화정도서관에 갔거든요", "사실 금암동 처음 가봤어요", "평화동은 큰길로만 다녔지 학산 부근은 생각도 해본 적이 없었어요", "팔복동도 갈 일이 없었는데 팔복예술공장 때문에 처음 가게 되었어요. 아이랑 이팝나무그림책도서관이요. 특히 이쪽 공단은 갈일이 없었거든요"……. 도서관은 하나의 예일 뿐, 다른 장소나 축제 등의 경험을 통해서도 도시 공간은 우리 안에서 재구성됩니다.

어떤 장소에서 시각적, 정서적 경험을 하고 나면 배후에 머무르던 도시 공간은 우리의 정체성과 문화적 함의를 내포하는 장소로 다시금 탈바꿈합니다. 도시와의 관계가 친밀해지고, 도시를 더 넓고 깊게 바라보게 되지요.

도시와 시민과의 관계는 큰 건물이 있으면 더 커지고 작은 건물이 있으면 더 작아지는 것은 아닙니다. 큰 장소일수록 더 많은 활력이 발생하고 작은 장소일수록 덜 발생하는 것도 아니지요. 오히려 아무것도 없는 텅 빈 광장이 도시의 역동성을 만들어내기도 합니다. 문제는 장소의 의미와 매력, 콘텐츠에 응축된 힘에 있습니다. 아무리 작은 장소라도 사로잡는 호소력이 있다면 개인저인 경험과 기억, 도시의 이야기가 끊임없이 만들어집니다. 내 주변부터 도시 전체에 이르기까지 다른 도시 공간이 펼쳐집니다.

어느 시민이 한 도서관에 메모를 남겼습니다.

"난 전주시민!!! 이런 보물이 가까이 있다는 사실만으로도
행복해진다. 길고 지루했던 코로나와의 싸움에서

허우적대던 집순이를 밖으로 불러내는 이곳의 '마력'은
도대체 뭘까? 2022. 5."

경험의 확장이
도시의 팽창보다 중요하다

언젠가는 연화정도서관에서 한 가족을 만났습니다. 젊은 엄마 아빠와 초등학교 5, 6학년으로 보이는 남자아이, 그리고 그보다 조금 어려 보이는 여자아이가 책을 읽고 있습니다. 아이의 아빠가 멈칫거리며 다가옵니다.

"시장님, 우리 가족과 사진 한 장 찍을 수 있을까요?"

"네. 그럼요. 아이들이 대견하네요. 그런데 혹시 어느 동에 사세요?"

"사실 저희는 무주군에서 왔어요."

"네? 무주에서요?"

"네, 무주에서요. 저희는 매 주일마다 무주에서 전주로 나와요. 올 때마다 도서관 한 군데씩 들르거든요. 그래서 전주를 다 돌고 있습니다."

이 가족은 지금까지와는 전혀 다른 전주를 경험하고 있습니다. 삶의 공간이 내가 사는 도시를 뛰어넘어 확장되고 있는 것입니다. 무주에서 전주는 고속도로로 달려도 한 시간이 훌쩍 넘는 거리입니다.

경험의 중요성은 비단 우리가 살고 있는 도시에만 국한되지 않습니다. 내 거주지가 아닌 다른 도시에 갔을 때도 장소의 경험은 그 도시의 좋은 인식과 매력을 극대화해 주지요. 저 또한 독일 슈투트가르트Stuttgart 시립도서관을 통해 슈투트가르트에 대한 인식을 완전히 바꾸게 되었습니다. 아니, 바꿨다기보다는 훨씬 더 많은 걸 좋아하게 되었다는 표현이 맞겠네요.

2013년 독일 슈투트가르트에 여행을 다녀왔습니다. 도심 한복판을 걷고 있는데, 눈앞의 높은 건물에 한글로 '도서관'이 새겨져 있었습니다. 생소한 광경에 놀랐습니다. 그곳이 슈투트가르트 시립도서관이었습니다. 건물의 다른 세 면에는 문화권을 대표해서 '도서관'이란 말이 각각 독일어, 영어, 아랍어로 쓰여 있었지요. 안내해 주신 분에게 여쭤보니, 이 도서관 설계를 대한민국 건축가가 맡았는데 그분의 의지가 반영된 결과라고 했습니다. 이은영 건축가였습니다.

2013년 CNN은 이 도서관을 세상에서 가장 아름다운 도서관 중 하나로 선정했습니다. 저는 당시 이 도서관으로부터 강렬한 인상을 받았습니다. 중앙홀에 들어서자마자 마치 순백색의 거대한 이글루에 들어온 느낌이었지요.

이글루에 난 조그만 창으로 빛이 새어 들어오는, 웅혼한 신전 같은 분위기였습니다. 열람실 또한 깊은 감동을 주었지요. 특히 전체 순백의 벽과 서가에 꽂힌 화려한 책의 물결은 위압적이지 않으면서도 친근하고 인간적이었습니다. 그 안에서 거닐고, 책을 읽던 시민들의 모습이 아직도 잊히지 않습니다.

저에게는 행운처럼 그 슈트트가르트의 인연이 이어지고 있습니다. 최근 다른 도시에 도서관법에 근거해서 광역대표도서관이 들어서고 있는데, 2019년 전라북도(현 전북특별자치도)도 대표도서관 위치를 선정하는 공모를 냈습니다. 우리 시도 도서관 건립 부지를 무상으로 제공하겠다고 나서면서 다른 시군과 치열한 유치 경쟁에 돌입했습니다. '책의 도시 전주'가 놓쳐선 안 될 기회라고 생각했습니다. 물론 운영 주체는 전라북도지만, 우리 시에 책의 도시로서의 거점이 또 하나 생길 수 있다는 기대가 컸습니다. 아울러 이 도서관이 전주와 다른 시군이 함께 책의 시대를 열어가는 연대의 장이 되면 좋겠다는 바람도 있었습니다. 심사 결과 전주시로 위치가 확정되었고, 전라북도는 본격적인 도서관 설계 공모에 착수했습니다.

기쁘면서도 또 하나의 걱정이 고개를 들었습니다. 전주시에 대표도서관이 건립되는 것은 고마운 일이지만, 또 그만그만한 공공건물 하나가 들어서고 마는 건 아닌지 내심 걱정이 된 것이었지요. 2021년 11월, 도서관 설계 당선작이 언론에 발표되었습니다. 순백색의 책의 신전 같은 당선작을 보면서 순간 기시감이 들었습니다. 뉘앙스에서 묘하게 슈투트가르트 도서관이 떠올랐습니다. 신문을 읽어보니 맞았습니다. 이은영 건축가가 대표를 맡고 있는 이아키텍츠와 ㈜종합건축에이그룹이 공동으로 출품해 당선된 작품이었던 것이지요. 신기한 인연입니다.

전북대표도서관은 2026년 완공을 목표로 건설되고 있습니다. 이 도서관은 도민들과 책의 도시 전주에 큰 힘이 됨은 물론이고, 시민들과 도시의 고착된 경계를 허물어뜨리는 계기가 되어줄 것입니다.

도서관의 위치와 규모, 역할과 콘텐츠, 큐레이션이 다양해지면 다양해질수록 시민들의 삶의 장소도 늘어납니다. 그로써 시민들은 도시를 더욱 넓게 쓰게 되지요.

좋은 장소는 인간과 도시의 관계를 다면적이면서도 다채롭

- 독일의 슈투트가르트 시립도서관.
  이은영 건축가는 '건물이 아닌 책과 사람이 주인공이 될 수 있도록'
  도서관을 순백색으로 디자인했다고 합니다.

게 변화시킵니다. 나의 도시 공간은 가고 싶은 장소, 생각나는 장소, 좋은 기억이 있는 장소 등을 통해서 정해집니다. 좋은 경험을 가진 장소들이 모여 마음속에 하나의 연결된 형상을 만드는데, 그것이 바로 도시 영역입니다. 도시에 아무리 많은 사물이 있어도 나의 마음을 움직이지 않으면 내가 생각하는 도시 영역으로 진입하지 못합니다. 그래서 '진정한 도시'는 우리가 장소로부터 얻은, '살아 있는 경험의 총합'입니다. 경험이 확장될수록 도시는 넓어지고, 그곳에 사는 시민의 삶 또한 풍부해집니다. 전주가 도서관 확장이라는 실험과 시도를 거듭하는 이유입니다. 그로써 시민들의 삶도 더욱 풍부하고 다채로워질 수 있을 테니까요. 도시의 물리적 팽창보다 더 중요한 것은 바로 도시의 경험에 관한 확장입니다.

어울릴 권리, 노닥일 권리, 도모할 권리

: 서학예술마을도서관

"책 읽다가 놀고, 놀다가 책 읽고, 책 읽다가 정원 꽃구경도

하고, 저 나이 많은 팽나무 아래서 졸고 그러다가

마을 구경도 하고, 여기 도서관의 미술관에서 작품도

감상하고……. 진짜 읽고 놀기에, 또 시간 보내기에 좋은 데

같아요."

서학예술마을도서관에서 만난 한 시민의 이야기입니다. 한옥마을에서 전주천 다리를 건너면 서서학동입니다. 이곳에 서학예술마을이 있지요. 서학동은 풍수적으로 인근 남고산에서 뻗친 산자락이 학 날개를 펼친 형국이라 해서 지어진 이름입니다. 한자로 '깃들 서棲'에 '학 학鶴'자를 써서 '학이 깃드는 동네'라는 아름다운 뜻을 가지고 있지요. 2010년경부터 예술인들이 모여들기 시작해 이제는 예술이 일상의 풍경이 된 마을입니다.

이 마을 초입에 있는 붉은 벽돌로 된 도서관이 2022년 6월에 개관한 '서학예술마을도서관'입니다. 이 도서관은 담쟁이동, 팽나무동, 은행나무동의 작은 건물 세 채로 이어져 있습니다. 담쟁이동과 팽나무동은 60여 년 전 병원과 사택으로 지어졌다가 그 후 도예 공방과 카페로 쓰이던 것을 시에서 매입해

도서관으로 재생했습니다. 새로 지은 은행나무동은 강연 등 도서관의 다양한 쓰임을 위해 만들어졌고요. 도서관 조성 과정에 마을의 예술가들이 참여했고, 이들의 작품은 도서관 곳곳에 전시되었습니다. 이 작품들은 도서관의 정체성을 상징합니다. 또 이 도서관과 담을 두고 있는 전주교대부설초와 협의를 통해 담장을 헐고 아이들과 학부모들이 누구나 책을 읽고 놀 수 있도록 했지요. 공사가 한창일 때 도서관을 찾았습니다.

'아, 이거 살렸어야 했는데…….'

깜짝 놀랐습니다. 담쟁이동 한쪽 면의 담쟁이가 뿌리째 뽑혀 있었던 것입니다. 공사하던 도중 벽면에 깔끔하게 페인트 작업을 하려고 제거한 모양이었습니다. 순간 당황했지만, 그 후 여러 차례 직원들에게 당부했습니다.

"남은 담쟁이는 꼭 살려둡시다. 여기 건물들은, 이 장소는 있는 그대로 자연스럽게 남겨야 합니다."

은행나무동은 원래 설계에서 한 층을 낮춰 시공했습니다. 마을 초입에 있는 건물이 주변 건물보다 높아 위압적으로 보이거나 도드라지지 않도록 한 것입니다. 신축한 건물도 마을 분위기에 녹아들 수 있도록 자연스러움을 유지하고자 했지요. 도서관이 마을과 유리되지 않고 시민들의 삶 속으로 스며

들 수 있도록, 동시에 새로움 또한 더할 수 있도록 안목을 보
탠 것입니다. 도서관이 마을로 나가고, 마을이 도서관으로 들
어왔습니다.

'제3의 장소'로서의 가능성

서학예술마을도서관은 어울릴 권리, 노닥일 권리, 도모할 권
리에 기반한 마을 도서관입니다. 우리는 삶의 장에서 다른 사
람들과 즐겁게 어울리는 것, 목적 없이 노닥거리는 것, 무언가
를 함께 도모하는 것을 그리 중요치 않게 생각하는 경향이 있
습니다. 집과 가정, 직장과 학교를 빼면 한순간도 놓치지 않고
자기계발을 해야 의미 있는 시간을 보내는 것이며 인생에서
승리할 수 있다고 생각하지요. 소위 '다른 사람들과 노는 일'은
그냥 재미를 찾는 여가 활동일 뿐, 인생에서 가치 있는 시간이
라고 인정하지 않습니다. 서학예술마을도서관은 우리 시대의
'제3의 장소'를 기대하며 지어졌습니다. 마을과 학교, 아이들
과 예술가들, 주민들이 중심이 되어 운영하는 공공장소를 꿈
꿨지요. 도서관 이름을 서학예술도서관이 아닌 서학예술 '마

● 다행히 살려낸 담쟁이, 이 자연스러움은
마을과 도서관을 연결하는 시간입니다.

을' 도서관이라 한 까닭입니다.

미국의 도시사회학자 레이 올든버그는 『제3의 장소』에서 우
리의 일상과 도시 공동체에 의미심장한 질문을 던집니다. 그
는 제1의 장소를 집, 제2의 장소를 직장, 제3의 장소를 '비공식
적인 공공생활을 지탱하는 장소'로 규정합니다. 사람들이 평
등하고 자유롭게 '분명한 목적 없이 서로 어울려 시간을 보낼
수 있는 사회적 장소'가 제3의 장소인 것이지요. 제1의 장소인
집, 제2의 장소인 직장이나 학교는 우리의 삶과 사회 시스템에

서 꼭 필요한 곳들입니다. 그러나 그것만으로는 행복한 삶의 균형을 잡기가 부족합니다. 집은 안식처가 되고, 직장은 삶을 경제적으로 지탱해 주는 역할을 하지만 사회적 교류의 장으로서는 한계를 지니기 때문이지요. 우리는 올든버그의 『제3의 장소』를 통해 '누군가와 평등하게 어울리며 공동체를 형성하는 행복'의 의미를 재확인할 수 있습니다. 이웃을 돕고, 마을과 도시를 위해 무언가 행동을 도모하는 삶의 의미 또한 확인할 수 있지요.

사회적 교류는 사회적 동물인 인간 존재의 바탕이 됩니다. 올든버그는 독일의 비어가든, 영국의 펍, 프랑스의 비스트로, 미국의 태번tavern 등을 전통적인 '제3의 장소'로 거론합니다. 돌이켜보니 이 제3의 장소들은 인간의 사회적 본성에 기반한 마을 놀이터로서, 편안함과 즐거움의 원천이 되어준 곳이었습니다. 소속감을 주며 사회적 고립을 줄이는 공론과 교류의 장이었지요. 공동체와 민주주의의 복원, 심지어는 사무실의 기능까지 다양한 사회적 역할을 담당했습니다.

우리가 큰 의미를 두지 않았던 우리 주변 미용실이나 카페, 음식점, 동네 술집들도 실은 '제3의 공간'의 역할을 톡톡히 해냈습니다. 소박하지만 동네 사람들이 함께 교류하고 어울리는 장소가 되어주었지요. 그러나 이제 프랜차이즈들이 동네 곳곳에 들어왔고, 각박한 경제 사정은 제3의 장소를 허락할 수 있는 현실적인 상황도 마음의 여유도 없애버렸습니다. 제3의 장소가 되어주는 공간도, 그 역할도 사라진 것입니다. 올든버그는 책의 마지막에서 말합니다.

> 우리가 생활하는 환경은 무수히 많은 경험이 수동적으로
> 배열되어 있는 카페테리아가 아니다. 환경은 어떠한
> 모양으로 조성되느냐에 따라 특정 경험을 더하거나 뺄 수
> 있는, 능동적이고 독재적인 힘이다.
>
> — 레이 올든버그, 『제3의 장소』(풀빛)

장소를, 환경을 선택한다는 것은 우리가 어떤 '삶'을 선택한다는 뜻입니다. 전통적인 제3의 장소와 환경은 어떠한 의도로 만들어지지도, 어떠한 의도로 사라지지도 않았습니다. 시대에 따라 우리의 삶 속에서 자연스럽게 만들어졌다가 사라진 것이지요. 그러나 사라지고 보니 제3의 장소는 우리에게 없어서는 안 될 행복하고 의미 있는 장소였습니다.

이미 도시의 가족 분화는 최고조에 있고, 직장 또한 공동체

문화가 해체되었기에 제3의 장소의 상실은 우리에게 더욱 아쉽게 다가옵니다. 그리고 이처럼 '도시에 꼭 필요한데 없는 것'이란 문제가 대두될 때가 바로 공공이 자기 역할을 발휘해야 할 시점입니다.

제3의 장소에 대한 고민은 늘 제 머릿속에 있고 그 대안을 찾아보고 있는데, 쉽지 않아 보입니다. 집 앞 카페, 통닭집이나 삼겹살집, 미용실, 체육관 등등의 사장님과 운영자들은 친절하지만 허물없는 공동체로 기능하기에는 메마르고 여유가 없습니다.

올든버그는 초판 서문에서 "비공식적인 모임이 이루어지는 공공장소의 목적이나 기능은 정부나 기관이 제공할 수 있는 것이 아니다"라고 말합니다. 그러나 저는 오히려 요즘 현실적으로 생각하면 동네의 공공장소가 그 대안이라는 생각을 합니다. 또 공공이 아니라면 동네 책방이 유력한 대안 중 하나라고 판단하기도 하고요. 이제 제3의 장소는 저절로 만들어지지 않을 것입니다. 서학예술마을도서관은 제 임기를 얼마 남겨두지 않은 시점에 개관했습니다. 개관 전부터 어울릴 권리, 노닥일 권리, 도모할 권리를 실험하려는 구상이었는데, 공사가 늦어지면서 기회를 갖지 못했습니다.

시민들이 서학예술마을도서관 곳곳에서
맘껏 어울리고, 노닥이고,
무언가를 도모한다면 좋겠습니다.

유럽이나 미국처럼 가벼운 술집이나 카페가 아니어도, 도서관이라는 공공장소와 책이라는 매개는 '사회적 어울리기'에 충분한 토양입니다. 서학예술마을도서관에서는 작가 초청 강연은 물론이고 아이를 동반한 가족을 위해 아동극과 마술, 인형극이 열리기도 했습니다. 또 이 마을의 예술가들이 참여하는 체험과 강연, 전시들도 진행되고 있지요. 그러나 이 도서관이 진정한 사회적 어울리기의 장소가 되려면 다른 차원의 노력들이 필요할 것입니다.

가장 중요한 것은 '우리에게 왜 사회적 어울리기가 필요한가?'라는 물음에 대한 관점과 성찰입니다. 어울리는 것, 노닥이는 것, 도모하는 것을 시민적 권리로 인식하는 변화가 그 시작입니다. 그 인식이 전제되지 않으면 공동·공유공간에 운영비 효율성의 잣대를 들이밀 수밖에 없으니까요. 서학예술마을도서관이 시민적 권리를 인식하고, 마을 주민들과 예술가들, 아이들과 교사, 학부모와 전문가, 행정 등이 참여하는 거버넌스가 실질적인 운영을 맡게 된다면 그리 어려운 일도 아닙니다. 각 주체들의 참여와 도서관 직원들의 개방성과 창의성이 더해진다면 의미 있는 사회적 실험은 얼마든지 가능합니다. 우리에겐 '시작할 수 있는 능력'이 있지 않습니까.

우리는 도서관으로 여행 간다

: 전주 도서관 여행

2024년 11월, 중앙일보에 "편백숲서 만끽하는 책 향기……
'비빔밥 도시'의 변신"이라는 재미있는 기사가 하나 실렸습니
다. 기자는 진주의 도서관을 돌아보고 새로운 전주를 이렇게
소개합니다.

> "한껏 깊어진 가을날, 전주의 작은 도서관 4곳을 둘러봤다.
> 그리고 마음먹었다. 이제 전주는 '비빔밥의 도시'가 아니라
> '도서관의 도시'로 불러야겠다고."

전주에서는 도서관으로 여행을 갑니다. 한동안 책과 도서관을 시민들의 삶 속으로 끌어들일 방안을 고민했는데, 그중 하나가 도서관 여행입니다. 책의 앞부분에서 공공장소의 가치 중 하나가 '사회적 설득'이라고 적은 이유입니다. 도서관 여행이라는 구상을 처음 밝힌 건 2021년 매주 금요일 아침에 있는 간부회의 때였습니다. 제 구상을 듣던 간부들의 밝지만 적막하던 표정이 생각납니다.

'아니, 하다하다 무슨 도서관으로 여행을……. '

그 당시 도서관 여행 프로그램의 얼개와 전용버스, '우리는 도서관으로 여행 간다'는 표어까지 비교적 자세하게 설명을 했습니다. 아울러 이 여행의 본질 중 하나가 책이라는 것을 잊으면 안 된다는 당부까지 말을 이어갔지요. 무겁진 않은 표정들이었지만, 그래도 '이건 또 뭔가요'라고 말하는 것 같던 아득한 분위기가 생생합니다.

2021년 7월부터 시작된 도서관 여행은 직원들의 소명감과 해설사들의 열정으로 진화를 거듭하고 있습니다. 2025년은 전년도에 비해 프로그램이 더 알차졌는데요. 토요일은 종일 코스와 오전·오후 반일 코스가 운영되고, 평일에도 도서관이나 책에 관심 있는 기관·단체를 대상으로 도서관 여행이 진행되고 있습니다. 전주에 있는 도서관들을 이용하다 보면 도서관 여행을 안내하는 소책자를 어렵지 않게 발견할 수 있습니다. 세상 어느 도서관에서도 찾아볼 수 없는 전주만의 콘텐츠이지요. 책자를 펼쳐보면 각 도서관의 특징을 잡아낸 일러스트와 함께 다양한 도서관 여행이 소개되어 있습니다. 해설사와 함께 도서관을 돌아보고, 또 여러 가지 체험 활동을 할 수 있는 프로그램입니다. 토요일 '종일 코스'는 네 곳의 도서관과 함께 한지, 완판본 출판, 문화 공간을 체험하는 코스, 그리고 여행이나 옛 책, 시집 등을 다루는 특화 도서관을 포함해 다섯 곳의 도서관을 둘러보는 코스로 운영됩니다. 또 토요일 '반일 코스'는 풍경이 아름다운 도서관 코스와 아이들과 가족 대상의 그림책을 주제로 한 코스, 여행과 예술을 주제로 한 코스 등이 다양하게 진행되지요. 다양한 선택지에서 정겹고 세심한 배려가 느껴집니다. 전주도서관 여행은 이렇게 색다른 선택지로 여행의 새로운 경험을 제안합니다.

2024년 11월 전주시가 언론에 발표한 자료를 보면, 2021년 시범운영을 하다 2022년 본격적으로 시작된 도서관 여행은 2024년 11월까지 총 408회가 진행되었고 5200여 명이 참여했습니다. 전주시는 매회 여행 참가자를 대상으로 만족도 조사를 실시하는데, 2024년 코스 운영 만족도와 도서관 여행 해설 만족도 둘 다 98점을 넘겼지요. 특히 2024년 타 지역 참가

자 중에서 1박 이상 전주에 체류한 여행자 비율이 전년도 31%에서 올해는 41%로 증가했습니다. 다양한 코스 운영 덕분인지 2회 이상 참여하는 여행자도 전체 참여자의 30%를 차지합니다. 도서관 여행이 점차 자리를 잡아가고 있고 여러 가지 가능성을 가졌다는 사실을 가늠할 수 있는 지점입니다.

　하지만 모든 시작이 그렇듯 도서관 여행 또한 쉽게 시작되지 않았습니다. 도서관의 한 간부가 말합니다.

　　"시장님, 사람들이 되게 많이 물어봐요. 어떻게 '도서관
　　여행'이란 걸 생각해 낼 수 있었냐고. 시장님께서 처음
　　도서관 여행을 지시하셨을 때 사실 정말 당황스럽고
　　막막했거든요. 그래도 '이건 된다!' 하고 긍정적으로
　　생각했는데, 아니 긍정적으로 생각하려고 노력했는데
　　직원들은 받아들이질 못하는 거예요. 프로그램 회의를
　　할 때마다 '저 같으면 안 갈 것 같아요. 이거 정말 망할 것
　　같아요'라면서 확신을 못하는 거예요. 그런데 너무 재미있는
　　게, 그렇게 부정적으로 말하면서도 계속 아이디어를 내는
　　거예요. '이거 망하는데 그래도 우리는 만들어내야 해!' 요즘
　　도서관 여행 와서 많은 사람들이 감동을 받고 가요. 도서관
　　정책 중 최고 같습니다. 그렇게 막막한 상황에서 아이디어를

내고 집행하고 결국 성공으로 끌어간 팀워크 덕분에 오늘이

있는 것 같아요. 시장님과 우리 도서관, 예산 지원부서 등등

우리 모두가 한 팀으로 일한 것 같습니다.”

전주시 도서관의 여러 정책들은 각자의 색깔을 가지되 ‘책이
삶이 되는 책의 도시 전주’라는 큰 설계에서 서로 조화를 이루
고 있습니다. 도서관 여행 또한 도시와 공공장소, 시민들의 삶
이라는 구조 안에서 조금씩 자기 지평을 넓혀가고 있지요. 시
민들은 도서관 여행을 통해 새로운 대상들을 만나고, 그 대상
들은 각자의 삶에 고스란히 묻어납니다.

관광은 나를 잊게 하지만,
여행은 나를 마주하게 한다

도서관 여행의 기본 구상은 ‘도서관이라는 장소를 경험하고
책을 통해 나와 마주하기’입니다. 도서관 여행은 정색을 하며
무겁게 구상되지 않았습니다. 자칫 딱딱하게 느껴질 수 있는
도서관을 산책하듯 돌아보고, 도서관이 경험의 장소가 될 수
있도록 기회를 만들자는 의도였지요. 도서관이라는 장소에 대

한 친밀도가 높아지면 책에 대한 관심도 자연스럽게 깊어지기 마련입니다. 도서관에서 즐거움과 행복을 찾고, 또 그 과정을 통해 자연스럽게 책을 가까이할 틈을 갖도록 하자는 소박한 기획이었습니다.

도서관 여행은 여행자들이 도서관과 책이라는 경유지에서 멈추지 않고 결국 '나 자신'이라는 최종 목적지로 다가가는 흐름을 만들어야 합니다. 그것이 도서관 여행이 지녀야 할 안목이지요. 이름을 '도서관 관광'이라 아닌 '도서관 여행'이라 지은 까닭입니다. 관광은 우리를 잊게 하지만 여행은 우리를 마주하게 합니다. 관광의 즐거움은 사진에 담겨 소셜미디어에 올라가지만 여행의 사유는 오래도록 마음에 담겨 나의 정체성을 구성합니다. 우리에겐 관광도 필요하지만 여행도 필요합니다. 잠시 나를 잊는 것도, 잠시 나를 만나는 것도 필요합니다.

모든 도시가 앞다투어 관광 상품을 만들고 사람들을 끌어들입니다. 관광 일정과 상품들은 차고도 넘쳐납니다. 시간과 돈이 있다면 얼마든지 누릴 수 있습니다. 그러나 여행은 쇼핑하듯 골라 담을 수 없습니다. 여행은 만들어진 일정이나 상품을 구입하기보다는 개인적인 경험이나 삶의 가치의 발견에 그 무게를 두지요. 프랑스의 철학자 미셸 옹프레는 저서 『철학자의 여행법』에서 이렇게 적습니다.

자아에 더 익숙해지고 더 강해지고 더 잘 느끼고 더 자세히
알기 위해서 여행하는 것이다. 아무리 낯선 곳에 간다고
하더라도 우리는 우리 자신에게 낯선 사람이 될 수 없다.
오히려 우리 자신의 가장 그늘진 부분과 가장 친밀해지고
가장 예민해지고 가장 가까워지게 된다.

— 미셸 옹프레, 『철학자의 여행법』(세상의모든길들)

여행은 나와 마주하는 사색의 과정입니다. 세상의 많은 사람 중 우리가 진정으로 만나야 할 사람은 바로 나 자신입니다. 그러면서 동시에 만나기 가장 두려운 사람 중 하나이기도 하지요. 내 안에는 미뤄두고 차마 꺼내지 못한 내가 너무도 많기 때문입니다. 어쩌면 그동안 우리 사회가, 또 내가 나를 너무 몰아세워서 나를 만날 틈이 없었는지도 모릅니다.

가끔 전주의 도시관을 돌아봅니다. 혼자서 갈 때노 있고 지인들이 전주에 오면 안내를 하기도 합니다. 혼자서 갈 때는 언제나 시민들이나 여행자들이 남긴 글을 빼놓지 않고 읽습니다. 한 번은 다가여행자도서관에서 몇 시간 동안 약 1000여 장에 가까운 엽서를 읽은 적도 있습니다. 도서관마다 벽에 붙여두거나 또 차곡차곡 쌓아둔 엽서들은 일종의 수다이기도 하고, 진지한 대화이기도 합니다. 엽서들을 읽다 보면 여행의 마

지막 날 저녁, 둘러앉아 나누는 뒤풀이가 떠오릅니다. 서로 돌아가며 얼큰하게 털어놓는 한마디 소감처럼 정겹기만 합니다. 어떤 것은 격 없는 친구의 농담으로, 또 어떤 것은 무거운 고해성사로 다가오기도 하지요. 엽서들을 보다가 도서관에서 일하시는 분께 여쭈었습니다.

"선생님, 엽서를 이렇게 정성스럽게 다 모으고 정리해서 두는 것도 쉽지 않은 일 같습니다."

"네, 시장님. 그런데요. 가끔 여행 오신 분들이 찾아요. '제가 1년 전에 엽서를 써두고 갔는데 다시 찾아볼 수 있을까요?' 하시면서요."

여행자들이 남긴 수많은 글들을 보면서 반가움에 미소를 짓게 됩니다. 도서관이 시민들과 여행자들의 삶과 연결된 경험의 장소가 된 것입니다. 그 많은 엽서 대부분에는 '나'의 이야기가 쓰여 있습니다. 도서관에서 몇 분 동안 또는 하루 종일 '나'를 쓰는 고백의 시간을 갖는 겁니다.

손녀와 함께 여행자 도서관에서 한나절을 잘 보내고 갑니다.
걷다가 지치면 또 와서 놀다 가겠습니다. 전주 살아서
참으로 좋네요.

- 할머니와 손녀

그림엽서입니다. 그림과 글씨를 남겼는데 글씨는 할머니가, 그림은 손녀가 그린 것 같습니다. 하얀색 작은 엽서 한가운데 색연필로 동그란 테이블을 그렸습니다. 테이블 위 화병이 있고, 그 화병에는 꽃 세 송이가 꽂혀 있습니다. 그림을 그린 다음 여백에는 여러 가지 색깔 펜으로 글을 남겼습니다. 글도 그림도 느릿하고 맑습니다. 엽서를 읽고 저도 대답을 했습니다. '그래요. 걷다가 지치면 또 와서 놀다 가십시오. 이곳에서 할머니와 손녀 두 분 모두 행복했으면 좋겠습니다. 여행처럼요.'

저는 대전에서 온 대학생입니다. 요즘 삶이 지치고 힘든 일이 많았습니다. 다가책방에서 위로받고 갈 수 있게 되었습니다. 가끔 이곳을 방문하거나 방문했던 많은 사람들이 아프지 않고 행복하길 바랍니다.

- 2023. 1. 13.

1월은 추운 계절입니다. 추운 날에 여행 오기가 쉽지 않았을 텐데 한 대학생이 이곳을 찾았습니다. 사정을 알 길이 없지만 위로가 되었다니 다행입니다. 다른 분들을 염려해 주는 따뜻한 마음도 고맙습니다. 엽서를 읽은 저도 대학생 친구에게 위로의 마음을 전하게 됩니다.

내가 전혀 모르는 타인으로부터의 위로가 진심으로 느껴질 때, 나 또한 누군가를 진심으로 위로할 수 있습니다. 우리가 더 큰 세상과 연결되어 있다는 따뜻한 느낌을 받는 순간입니다. 내가 전혀 모르는 타인을 위로할 때, 어색하지만 나는 나의 진정하고 새로운 모습을 봅니다.

> 속성은 대상 안에 있는 것이 아니라, 대상과 대상 사이에 놓은 다리인 것입니다. 대상은 맥락 속에서만, 즉 다른 대상과의 관계 속에서만 존재하며 다리와 다리가 만나는 지점입니다.
>
> — 카를로 로벨리, 『나 없이는 존재하지 않는 세상』(쌤앤파커스)

우리에게 여행이 필요한 이유입니다. 여행은 대상과의 만남을 통해 나의 새로운 속성을 발견하는 일입니다. 아니, 속성을 새롭게 창조하는 일인지도 모르지요. 여행은 우리 내면의 느낌을 가장 잘 포착할 수 있는 민감한 촉수입니다. 그 촉수가 일상을 벗어난 장소와 경험, 분위기, 공기, 다른 사람들 등등의 관계 속에서 내 안의 마음을 찾아내 줍니다.

또 도서관 여행을 계기로 언젠가 책에 도달하면 책 역시도 우리를 여행으로 이끌어갑니다. 도서관 여행의 본질이 책이라는 것을 잊어서는 안 되는 이유는, 책이 우리의 속성을 변화시키기 때문입니다. 책은 우리를 '단어만큼만 생각할 수 있는 나', '아는 감정만큼만 느낄 수 있는 나'로부터 벗어나게 합니다. 우리의 어휘를 세분화하고 감정의 구성을 다양하게 해주지요. 더욱이 우리의 생각과 감정이 모호할 때 명료함의 강박으로부터 너그러울 수 있는 여유를 줍니다. 우리의 생각과 감정은 수학 문제가 아닙니다. 그럼에도 우리는 종종 삶과 존재에 마치 정답이 있는 양 생각합니다. 또 하나의 삶과 존재에만 거居해야 한다고 여기기도 하지요. 그러나 책은 우리가 알아채지 못했던 삶과 존재의 모순을 드러내고, 우리가 자학하지 않도록 많은 세상을 보여줍니다. 삶과 세상의 모호함으로부터 불안하지 않도록 세상에는 수없이 많은 존재의 속성이 있다는 걸 알려줍니다. 그렇게 전주 도서관 여행은 도서관으로 책으로, 지금까지와는 다른 방식으로 시민들의 삶을 보듬어주고 있습니다.

"여행은 서서 하는 독서이고, 독서는 앉아서 하는 여행입니다"라는 말이 절로 떠오릅니다.

PART 5

도시의 미래

새로운 세상에는
새로운 종류의 인간이 필요하다

도시는 늘 과정 속에 있다

"새로운 세상에는 새로운 종류의 인간이 필요합니다."

2021년 10월, 전주에 위치한 세계평화의전당 개관식에서 가톨릭 전북교구 이병호 전 주교님께서 하신 말씀입니다. 개관식 축하연에서 하객들에게 전한 간단한 메시지였는데 저에게는 큰 울림으로 다가왔습니다. 세계평화의전당은 가톨릭 시설이지만 종교를 떠나 누구나 자유롭게 이용할 수 있는 열린 공간입니다. 순교자들의 거룩한 정신이 교회에 갇히지 않고 우리 사회에 보편적 가치로 살아 움직일 수 있도록 영감을 주는 공간이지요.

저는 가톨릭 신자는 아닙니다만 주교님 말씀을 듣자마자 전율이 느껴졌습니다. 마음의 감동이 한여름 찬비처럼 쏟아져 내렸습니다. 늘 새로운 세상이 왔으면 좋겠다는 희구希求가 있었는데 그 마음이 건드려진 것입니다. 물론 우리가 순교를 통해서 세상을 바꾸기는 불가능하겠지요. 그러나 도시에 관한 새로운 관점과 안목을 갖춘다면 도시는 얼마든지 바꿀 수 있습니다. 도서관도 그중 하나였습니다. 새로운 도서관에는 새로운 종류의 인간이 필요했습니다.

2022년 6월, 서울의 출판사 대표들이 전주 도서관 기행을 왔습니다. 책과 관련한 예민한 촉을 가진 분들이어서 기대가 컸습니다. 다들 바쁜 일정으로 서울에서도 함께하기가 쉽지 않다는데 많은 분들이 참여해 주셨습니다. 책과 도서관에 대한 관심 때문입니다. '책이 삶이 되는 책의 도시, 전주'에 관한 저의 짧은 강연으로 1박 2일의 일정이 시작되었습니다. 방문하는 도서관마다 직원들의 해설과 안내가 있었고, 출판사 대표들의 진지한 관심과 질문이 잇달았습니다. 2일 차 오후, 가장 기대했던 시간이 돌아왔습니다. 일정을 마치면서 출판사 대표들로부터 듣는 정책 제언 간담회였지요. 저희 도서관 직원들에게는 쉽게 얻을 수 없는 공부의 기회가 되었습니다. 참여하신 모든 분들이 정책 제언을 해주셨고, 우리가 생각지 못하거나 놓치고 있었던 많은 것들이 쏟아져 나왔습니다.

도서관과 학교 교육과정의 연계, 도서관 연수 도시 조성, 작지만 특별한 책 문화도시의 가능성, 공간 혁신 성공에 이은 시민들의 독서율 향상 방안, 배우 장동건의 유럽 서점 탐방처럼 영상이나 인플루언서를 통한 홍보, 책과 도서관 관련한 전주 특유의 상품 개발, 조용하고 개인화된 공간에서 공간의 커뮤니티화와 책을 읽고 즐기는 문화로의 전환, 공간에 비해 부족한 콘텐츠 확충 방안, 책을 컨셉으로 하는 숙박시설 조성과 작가 레지던시, '혼불 음료수'처럼 로컬 재료가 담겨 있되 스토리가 있는 상품 개발, 독서 동아리의 도서관 공간 활용 방안 강구, 책을 빌리는 도서관 운영뿐 아니라 책을 사서 읽는 문화도 동시에 필요하다는 제언……. 많은 말씀을 해주셨습니다. 그중 한 분이 현장을 돌며 느꼈던 분위기를 말해줬습니다.

"직원분들이 억지로 일하는 게 아니라 열정을 갖고 좋아서 한다는 걸 알 수 있었습니다. 도서관을 돌아보며 느꼈던 감동을 많은 시민이 함께 느꼈으면 좋겠습니다. 해설사분들과 직원분들의 고민과 눈빛을 보며 정말 많은 분들이 '책의 도시'에 함께하고 있다는 생각이 들었습니다."

한 출판사 대표께서 말을 이어갔습니다.

"저는 전주의 도서관을 오늘을 포함해 모두 세 차례 왔습니다. 처음 왔을 때는 놀라움을, 두 번째 왔을 때는 대단함을, 오늘 세 번째는 경이로움을 느낍니다."

한 번은 우연일 수 있습니다. 두 번은 어쩌다 보니 그럴 수도 있습니다. 그러나 세 번, 네 번 계속해서 같은 일이 일어난다는 것은 우연과 '어쩌다 보니'를 뛰어넘는 안정된 다른 힘이 작동하고 있다는 뜻입니다.

'결과'가 없는 도시에 성과가 계속되기 위해

도시는 늘 과정입니다. 도시에 성과는 있지만 결과는 없습니다. 도시는 짧게는 어느 순간, 길게는 어느 기간 동안 성과를 거두지만 그것이 계속되는 '결과'로 이어지지 않습니다. 정치권력이 바뀌면서 성과를 지워버리는 경우도 있고, 작은 성과에 취해 긴장이 풀리는 상황도 자주 발생하니까요. 또 최근 AI처럼 압도적인 과학기술과 자본은 순식간에 많은 것을 낡게 만들어버립니다. 특히 도서관에는 종이책의 가치를 놓치지 않는 진중함과 시민들의 취향을 고양시키는 예민함이 동시에 필요합니다. 그렇기에 책의 도시에는 그 진중함과 예민함을 가지고 끊임없이 고민하는 창의적인 '사람들'이 필요하지요.

책의 도시 전주는 아직 갈 길이 멉니다. 이제 초입으로 들어선 느낌입니다. 그러나 전주가 여러 가지 여건의 변화에도 불구하고 조금씩 나아가고 있는 것은 새로운 종류의 인간이 있는 덕분입니다. 바로 변화된 공무원 집단입니다. 새로운 종류의 인간이란 새롭게 태어난 인간이 아니라 자각하는 인간을 말합니다. 자각하고 공부하는 인간, 거기서 나아가 전환의 시간을 거쳐 '관점과 안목이 내재화된 성실함'을 가진 인간입니다. 이 새로운 인간이 도시의 안정된 다른 힘입니다. 바로 변화의 동력입니다.

'책의 도시'는 이어가야 할 유산이다

'책의 도시 전주'의 표어는 '책이 삶이 되는 책의 도시 전주'입니다. 시민들의 삶과 도시의 변화, 전주의 정체성과 이상을 실현할 가장 가치 있는 바탕을 책이라고 선언한 것입니다. 아울러 시민들의 삶도 자연히 녹아들어 우리 도시의 대표 브랜드로 자리 잡길 바라는 소망도 있었습니다. 시민들의 삶 자체가 도시 브랜드가 될 때, 그 브랜드는 가장 견고한 영향력을 갖게 됩니다. 전주가 책으로 하나의 도시 장르가 되는 꿈을 꾼 것입니다.

조선시대의 출판문화 클러스터, 전주

'책의 도시 전주'를 본격적으로 추진하면서 직원들과 시민들에게 강조했던 주제 중 하나는 '책의 도시 전주는 어디로부터 왔는가'였습니다. 그 뿌리는 바로 천년 역사를 가진 전주 한지로부터 시작됩니다. 이동희 교수는 한지의 역사성에 관한 논문에서 이렇게 적습니다.

> 후백제 견훤은 고려 왕건에게 부채를 선물하였고, 고려 충렬왕 6년(1280) 정가신은 전주에서 관리를 지내 한지 뜨기의 고통을 잘 알고 있다고 하였다. 고려 말 목은 이색은 전주를 종이의 고장이라고 예찬하였다.
>
> — 이동희, 「전주 한지의 역사성에 관한 기초적 고찰」

고려에 이어 조선시대에도 전주는 최고의 한지를 생산했습니다. 한지 장인이 생산해 낸 종이가 중앙정부에 전해져 외교문서와 국가의 공문서, 중앙정부가 의뢰한 서적출판 등에 쓰였습니다. 국가적 차원에서 전주한지는 대체불가한 필수품이었지요. 종이는 인간 사유의 물질성을 확보하는 가장 핵심적인 매체입니다. 아무리 위대한 정신도 기록되지 않으면 전달

될 수 없고, 전달되지 않으면 사라지고 마니까요. 그렇게 시작된 한지의 역사는 조선시대에 전주가 책의 도시로 자리 잡는 원천이 되었습니다. 명불허전, 전주는 조선시대 명실상부한 책의 도시였습니다. '완판본完板本'의 탄생에서 이를 알 수 있습니다. 완판본은 전주의 옛 이름인 완산完山의 '완完'과 목판木板의 '판板'에서 온 것으로, 조선 후기 전주에서 상업 목적으로 출간한 방각본坊刻本을 일컫습니다. 넓은 의미로는 조선시대 전주에서 출간된 책을 말하기도 하지요.

전주는 조선시대에 전라남북도, 제주도까지 관할하던 전라감영全羅監營이 위치한 곳입니다. 현재 전라감영은 2020년에 복원했는데, 이곳에 한지를 생산하던 '지소紙所'와 책을 인쇄하고 출판하는 '인출방印出房'이 있어 공공출판을 담당했습니다. 방각본이 나오기 전까지 조선에서는 주로 관청을 중심으로 출판이 이루어졌는데, 국가기관인 교서관과 지역에 있는 감영이 중심이 되었지요. 간행 주체에 따라서 전라감영이나 전주부처럼 관청에서 출판한 것을 관판본, 사찰이나 서원, 문중에서 출판한 것을 사판본이라 합니다. 한편, 전라감영을 완산감영이라고 불렀기 때문에 이곳에서 출간한 책들을 완영본이라고 했습니다. 완영본은 국가의 통치 이념이나 전라감영의 관할 지역을 다스리기 위한 서적들, 또 주로 사대부를 위한 책들이 출간되었습니다. 중앙정부가 요청한 책을 출간해 보내기도 하고, 전라감영의 책임자인 관찰사의 지시로 정치, 역사, 유학, 제도, 의학, 군사 등과 관련한 다양한 책들이 간행되었습니다. 특히 전라관찰사가 전주부를 총괄하는 전주부윤을 겸직했기에 당시 전주부는 조선시대에 단일 도시로서 가장 많은 책을 출간했습니다. 전주는 조선시대 최고의 출판문화 클러스터였습니다.

이 과정에서 축적된 지적, 인적, 환경적, 기술적 자산들은 개인이 발행하는 사간본私刊本과 판매용 책인 방각본에 큰 영향을 미쳤습니다. 이태영 교수는 『완판본 인쇄·출판의 문화사적 연구』에서 이렇게 많은 책을 발간하기 위한 필수적 조건을 적고 있습니다. 요즘말로 하면 '출판산업 클러스터의 조건'이 되겠지요. 목판의 재료가 되는 나무와 나무를 다루고 목판을 만드는 기술자, 목판에 글씨를 새기는 각수, 닥나무를 재배할 수 있는 환경, 종이를 만드는 장인, 좋은 먹과 지식인, 책을 출판하고 유통하기 위한 자본과 시장 등을 제시합니다. 전주는 이렇게 많은 조건들을 이미 충족하고 있었고, 당시 대중문화의 정수인 판소리의 흥행은 전주의 출판문화산업을 일으키는 데 지대한 역할을 했습니다.

조선의 책 읽는 도시

　조선시대 양반들이야 책과 함께 살아야 할 운명을 타고났다
지만 서민들에게 독서는 다른 세상의 일이었습니다. 일단 한
자를 몰랐기에 한문 서적에 접근 자체가 불가능했으니까요.
다행히 한글 창제 이후에는 서민층이 책을 접할 수 있는 전환
점이 마련됩니다. 이민희 교수의『16~19세기 서적중개상과
소설·서적 유통 관계 연구』를 보면, 16세기에 이미 서울로부터
사대부를 대상으로 한 서적 중개상 '책쾌'의 활동을 확인할 수
있습니다. 다만 주로 소수의 양반에 한정되었던 책쾌의 활동
이 18세기 중반 세책점이 생겨나면서 비로소 서민층까지 확대
되었다고 밝히고 있습니다. 세책점은 돈을 받고 필사본 소설
을 빌려주는 점포를 말합니다. 책쾌와 더불어 세책점 역시 조
선시대 서민층의 독서에 큰 영향을 미치게 됩니다. 그러나 안
타깝게도 경제적으로, 지역적으로 또 신분상으로도 모두가 책
을 즐길 수는 없었을 것입니다. 이윤석 교수는『조선시대 상업
출판』에서 세책점의 출발을 18세기 중반으로 적고 있습니다.
이 책에 따르면, 아쉬운 점은 이 세책점들이 20세기 초까지 서
울로 한정돼 있어서 지역의 서민층들이 세책 문화를 접할 수
없었다는 것입니다. 한편 18세기 후반에는 조선의 이야기꾼,

전기수가 등장합니다. 재담 넘치는 전기수들은 마을이나 시장판, 양반집을 넘나들며 소설에 연기를 더해 조선의 이야기 세계를 사로잡았습니다.

조선 후기, 드디어 조선의 독서 문화와 출판에 새로운 흐름이 나타납니다. 전주에서 돈을 주고 책을 사서 보겠다는 서민층이 등장한 것입니다. 책을 사서 읽고 소장하고 빌려주는 적극적인 독서 계층인 '책 읽는 서민들'이 전주에 출현했습니다. 전주는 100여 년 전부터 이미 책 읽는 도시였던 것입니다. 그리고 이 적극적인 독서 계층의 부름에 책을 직접 인쇄해 팔겠다고 화답해 나온 것이 바로 방각본입니다. 당시는 지금처럼 택배가 있는 것도 아니고 교통이 발달한 때도 아니었으므로, 그 도시와 주변에 책에 대한 일차적 수요가 없었다면 민간의 상업 출판은 시작될 수 없었습니다. 더구나 마케팅이나 자본력을 이용해 공급자가 수요를 창출해 내기는 어려웠던 시절이니, 책에 대한 수요가 상업 출판을 주도한 것이지요. 한국민족문화대백과는 조선 후기 책에 대한 시대적 요구에 관해 이렇게 적습니다.

일찍부터 상업이 발달하고, 물자가 풍성하던 전주 지방은
소작하던 농민들이 호남평야를 배경으로 경제적 안정을

얻고, 상업 자본의 유입으로 부상富商이 일어나고 있었다.
점차로 여유 있는 서민층이 폭넓게 형성되면서 이들
가운데서 교양을 높이고, 실생활에 필요한 지식을 얻고,
또 오락도 되는 독서에 대한 욕구가 높아진 것은 너무나
당연하다.

출판문화산업 클러스터와 책 읽는 서민들은 선순환구조를
이루며 책의 도시 전주의 위상을 공고히 합니다. 완판방각본
은 고전소설, 자녀교육용도서, 가정생활백과용도서, 유교경전
으로 크게 네 분야의 출판을 가속화했습니다. 이태영 교수는
『완판본 인쇄·출판의 문화사적 연구』에서 이렇게 적습니다.

전라감영이 소재한 전주에서는 조선시대를 통틀어 전국에서
가장 많은 책을 출판하였고, 조선 후기에 서울을 제외하고
전국 최초로 완판방각본이라는 판매용 책을 발행하게
된다. 한글 고전소설을 비롯하여 실용서적, 2세 교육용 책,
중국 역사서, 사서삼경 등이 많이 발행되었다. 판매용 책의
종류만 100여 종에 이르게 되었다.

— 이태영,『완판본 인쇄·출판의 문화사적 연구』(여락)

책을 출간해서 팔고 사야 하니 자연스럽게 지금의 '서점'이 문을 열었습니다. 바로 책을 직접 인쇄하고 판매하는 점포, 즉 서포書鋪입니다. 서포는 서사書肆, 서관書館 등으로 불렸습니다. 조선 후기 전주에는 가장 오래된 서포인 서계서포西溪書鋪을 비롯해 다가서포多佳書鋪, 문명서관文明書館, 완흥사서포完興社書鋪, 창남서관昌南書館, 칠서방七書房, 양책방梁冊房 등 일곱 개의 서포가 있었습니다. 이 서포들을 통해 출간된 책들이 서민들의 지적 욕구와 독서열을 충족시키게 됩니다.

서포들이 발행한 다양한 책들 가운데 완판 방각본의 백미는 바로 한글고전소설입니다. 한글고전소설은 판소리계 소설인 열녀춘향수절가, 심청가, 심청전, 화룡도, 퇴별가 등 5종과 조웅전을 비롯한 영웅소설이 나머지를 차지하고 있습니다. 이 중 84장본 열녀춘향수절가는 조선 방각본의 역사에서 특별한 위치를 점하고 있습니다. 현재 전주시의 공식 서체인 '전주완판본체'가 열녀춘향수절가 목판의 글꼴에 그 뿌리를 두고 있는 이유이기도 합니다. 전주완판본체는 전통으로부터 시작되어 현재에 실용과 품격을 더한, 가장 전주다운 서체입니다.

2024년 10월 말 국립전주박물관에 다녀왔습니다. 〈서울 구경 가자스라, 임을 따라 갈까부다 - 조선의 베스트셀러 한양가와 춘향전〉 전시였습니다. 조선의 베스트셀러였던 한양가와 춘향전을 소재로 서울과 전주의 방각본을 조명한 기획이지요. 전시 관람 내내 100여 년 전 완판본의 도시 전주와 현재의 책의 도시 전주가 여전히 하나의 생명으로 살아 있다는 느낌이 들었습니다. 관람을 마친 후 전시 도록을 한 권 사들고 집으로 돌아왔습니다. 책상에 앉아 도록을 넘기다가 기획의도를 적은 '전시를 열며' 페이지에서 한참이나 마음이 머물렀습니다.

> 조선시대에도 지금처럼 베스트셀러가 있었습니다. 판매하기
> 위해 새겨서 찍어낸, 방각본이라 불리는 책들입니다. (중략)
> 모르는 사람이 없을 〈춘향전〉에는 수많은 이본異本들이
> 존재합니다. 그중에서도 최고의 인기를 누린 대표적인
> 이본이 바로 전주에서 만들어진 〈열녀춘향수절가〉입니다.

100여 년 전에도 전주는 이미 책의 도시였습니다.

유산으로 이어받고,
유산으로 열어가는 책의 도시

'책의 도시 전주'는 유산으로 이어지고 있습니다. 최근 몇 년

동안 제주 올레길을 여러 차례 걸었는데, 걸을 때마다 이곳이 제주의 유산이 되었다는 생각을 하게 됩니다. 제주도 살리고 사람도 살리는 가장 제주다운 유산이지요. 제주 올레길은 땅의 길부터 사람의 길까지를 성찰하게 합니다. 그리고 저는 이곳을 걸을 때마다 전주의 도서관을 떠올립니다. '책의 도시 전주'가 전주도 살리고 사람도 살리는, 가장 전주다운 유산이 될 것이라는 꿈을 되새기면서요.

벌써 10여 년이 넘었습니다. 책의 도시 전주는 2014년 시장 취임 뒤 시작했던 '인문학 365'에서 많은 지혜를 구할 수 있었습니다. 당시 가장 전주답게, 365일 인문학이 있는 도시를 그리고자 했습니다. 2015년부터 인문도시를 선포하고 인문주간 등을 진행하면서, 2016년에는 '전주인문학 365'를 특허청 업무표장으로 출원하기도 했습니다. 그 과정에서 책의 도시 구상도 점차 구체화되었지요.

현재 책의 도시 전주는 각 정책들의 일관성과 정책 상호 간의 연관성을 잃지 않으며 하나의 유기체처럼 움직입니다. 저는 책을 중심으로 시민들의 삶과 도시를 만들어가는 촘촘한 생태계를 만들고 싶었습니다. 그 일환으로 과 단위였던 도서관을 국 단위인 본부로 승격하고, '책의 도시 여행과'나 '책문화산업팀' 같은 여러 부서를 신설했습니다. 도시 전체적으로는 책을 쓰는 시민들과 작가, 책을 펴내는 출판사, 책을 파는 서점과 책방 그리고 책을 빌리고 읽는 도서관, 책을 읽는 시민 개인과 독서 동아리, 책문화 축제와 산업 등으로 시민들의 삶의 축과 책문화산업의 축을 모두 견고하게 세우고자 했습니다. 아직은 시작 단계지만 차근차근 기초를 다지고 꿈을 향해 가다 보면 어느 새인가 정교하게 도달할 수 있는 목표입니다.

전주 전역에 걸친 도서관 혁신, 책쿵20, 도서관 여행과 독서대전, 국제그림책도서전, 전주책쾌, 고전 100권 읽기, 책 쓰기와 출판 정책, 각 도서관의 여러 프로그램 등은 당장의 삶과 더불어 10년, 20년 뒤까지도 우리 도시를 끌어갈 단단한 토대입니다. 직원들에게 2017년 가을, 전주에서 열린 '대한민국 독서대전'을 계속 이어나가자고 제안했는데 한 해 한 해 내실을 더하는 탄탄한 성장을 하고 있습니다. 또 2022년 전주국제그림책 도서전을 시작하며 가장 전주다운 세계적인 축제의 꿈을 가져야 한다고 독려했는데, 이 역시 멀리 보는 구상이었습니다. 고전 100권 읽기도 마찬가지로 "상상해 봅시다. 20, 30여 년 뒤 전 세계에서 인구 대비 고전을 가장 많이 읽는 도시의 흡인력을……"이라는 말로 시작되었지요. '책의 도시 전주'는 시민들의 현재의 삶을 기반으로 하는 긴 호흡의 도시 설계였습니다.

책의 도시 전주는 시민들과의 협업과 연대를 통해 만들어지고 있습니다. 독서대전이나 국제그림책 도서전, 전주책쾌에서 보여주는 우리 시민들의 참여와 기획력, 열정은 아름답고도 놀랍습니다. 도서관 여행이나 여러 프로그램을 통해 성장하는 시민들의 모습에도 많은 감동이 있습니다. 이 협업과 연대는 책의 도시 전주의 가장 큰 자산입니다.

최근 고무적인 것은 책을 중심으로 우리 도시의 역사성과 정체성, 혁신성, 삶의 밀접성 등을 이해하고 받아들이는 사람들이 늘어나고 있다는 점입니다. 아울러 이제 시작 단계지만 '책의 도시 전주'라는 브랜드의 존재감도 조금씩 짙어지고 있습니다. 도시 브랜딩은 시민들의 삶의 여정이 자연스럽게 쌓여갈 때 비로소 가능해집니다. 도시 브랜드란 곧 본질적으로 시민들의 삶의 여정이 집합되고 응축돼 발현되는 것입니다. 좋은 도시 브랜드에는 그 도시 시민들의 DNA가 녹아들어 있습니다. 도시 브랜드가 시민들을 닮아 있는 것이지요. 그래서 도시 브랜딩은 브랜드를 만드는 것이 아닙니다. 도시가 브랜드가 되는 것입니다.

공무원들의 공부가 만들어낸
변화의 근력

공직 사회의 변화 없이 도시가 변화하기는 쉽지 않습니다. 그래서 저는 늘 공직 사회와 함께 '왜'라는 질문을 공유하고자 했지요. 그리고 전주의 전통으로부터 시작해 현재와 미래 구상까지 '전주가 왜 책의 도시인가', '우리는 왜 책의 도시를 추진하는가'라는 질문에도 함께 대답해 보고자 했습니다. 고맙게도 직원들은 우리가 지향하는 '책의 도시의 가치'를 조금씩 내면화하고 있었습니다.

새로운 개념을 배울 때 가장 어려운 일은 새로운 개념을 받아들이는 것이 아니라 옛 개념에서 벗어나는 것이다.

― 토드 로즈, 『평균의 종말』(21세기북스)

미국의 심리학자 토드 로즈가 자신의 책 『평균의 종말』에서 적은 글입니다. 우리가 옛 개념에서 벗어나기 힘든 이유는 자아가 변해야 하기 때문입니다. 이미 형성된 자아를 흔들어서 깨우고 다른 자아가 자리 잡도록 하는 것에는 원래 본능적 저항이 있지요. 옛 개념은 몸과 사고에 이미 녹아들어 체화되어 있지만, 경험해 본 적이 없는 새로운 개념은 관념적입니다. 내 몸속 경직된 사고의 무게는 새로운 관념의 무게와는 비교할 수 없을 만큼 무겁습니다. 옛 개념에 빠져 있는 우리가 새로운 개념을 잡고 벗어나야 하는데, 그에 비해 잡아야 할 새로운 개념은 깃털처럼 가볍기만 하지요. 무거운 몸과 사고를 들어 올리는 데는 마치 턱걸이처럼 근력이 필요합니다. 그 근력이 바로 공부입니다. 옛 사고의 간섭으로부터 벗어나기 위해서는 공부가 필요합니다. 공부한다고 결정하는 순간, 이미 옛 개념으로부터 서서히 벗어나고 있는 것입니다.

공부를 시작하는 순간 우리는 달라집니다. 공부는 세상의 모든 것과 지금까지와는 다르게 관계를 시작하도록 해줍니다. 다르게 보고, 다르게 느끼는 것이지요.

도서관은 사실 자기 성장 없이 충분히 정체될 수 있는 곳이기도 합니다. 도서관의 사서 직원들은 대체로 공직을 마무리할 때까지 거의 도서관에서만 근무합니다. 근무지를 옮겨 다니기야 하지만 일은 거의 비슷하고, 공직 사회라는 게 위계와 예산 등등의 문제로 혼자서 할 수 있는 일이 많지 않습니다. 특히 도서관이 가진 기존의 개념들이 무척 분명하기 때문에 다른 변화를 가져오기는 더욱 쉽지 않습니다. 옛 개념을 버릴 수가 없는 겁니다. 그런데 도서관이 전체적으로 변해야 한다는 분위기가 만들어지자 공부하는 직원들이 생기기 시작했습니다. 퇴임 후 도서관에서 일한 한 직원을 마주쳤습니다. 반가움으로 긴 시간을 보냈습니다.

"저는 사실 완전히 백지 상태에서 도서관으로 발령을 받은
거거든요. 시대가 어떻게 변하는지는 잘 모르고 있었고요.
그리고 제가 알고 있는 도서관은 학생 때 항상 다녔던
도서관이었어요. 그냥 열람실이 있고 책 빌리는 데가 있는,
공부하려고 가는 도서관, 그런 것만 알고 있었는데…….
그런데 시장님께서 이런 변혁들을 많이 원하셨잖아요. 저도
그 부서로 가기 전에 들었는데 다른 분들이 6개월 하다가
그만두고 또 그만두고. 힘들어 죽겠다는 거예요. 시장님의

눈은 높은데 자기가 할 수 있는 거는 없고. 선배들이

농담으로 저한테 '너도 6개월만 있다 나와!' 그래서 그때부터

공부를 하기 시작한 거죠."

　　공무원들의 성장은 참 기분 좋은 일입니다. 공무원이 성장
한다는 것은 자신의 성장과 더불어 도시가 바뀌고 시민들의
삶이 바뀐다는 걸 의미하기 때문이지요. 재정이 넉넉하지 않
은 도시에서는 더욱 그렇습니다. 공부하며 안목이 좋아지는
공무원은 고스란히 도시의 저력으로 쌓입니다. 건물의 규모
는 돈이 통제하지만 일의 깊이는 공부가 통제합니다. 도서관
의 품질이 좋아지고 여러 정책들이 성장하는 이면에 직원들의
공부가 있었습니다. 일에는 구세주도, 정답도 없습니다. 좀 더
나은 선택만 있을 뿐입니다. 직원들은 앉아 있지 않습니다. 좀
더 나은 선택을 위해 늘 현장으로 갑니다. 배우러 가는 거지
요. 현장에 진짜 배움이 있습니다. 한 간부가 말한 신규 직원
의 놀라운 성장기입니다.

　　"직원들이 노력 많이 하고 있어요. 신규였던 직원들이

불과 1, 2년 그 사이에 진짜 많이 컸더라구요. ○○ 씨는

처음에는 그저 선배들만 돕고 그랬던 것 같은데 어느

날부턴가는 큐레이션을 직접 진행하더라고요. 그러고 어느 날은 '좋은 도서관이 어디에 개관했어요' 얘기하고는 바로 가서 배우고, 또 팀원들과 벤치마킹 다니고, 배운 걸 새로 접목시켜서 한옥마을이나 다가여행자도서관에서 프로그램이나 큐레이션을 또 바꾸고 있더라고요. 그게 고작 1, 2년 만에 일어난 일이에요. 그 짧은 기간에 저렇게 성장했다는 게 너무 대단하더라고요. 저희는 그 정도 수준까지 되려면 10년 이상 걸렸었거든요. 그래서 근무 환경이라든지, 지지해 주고 지원해 주는 여건이 직원들을 이렇게 성장시키는구나 현장에서 느끼게 돼요."

요즘은 가끔 도서관을 가보면 제 눈엔 도서관이 보이지 않습니다. 하나하나 모든 면에서 직원들의 모습이 보이지요. 모든 물체들과 프로그램들에서 직원들과의 관계가 느껴지고, 소셜미디어에 올라오는 전주 도서관의 아름다운 사진에서는 직원들의 모습이 아른거립니다. 옛 개념에서 벗어난 '변화의 근력'이 단단해진 직원들을 보게 됩니다.

2022년 6월, 퇴임을 불과 며칠 앞두고 도서관 직원들 전체에게 고별 강연을 했습니다. 늘 그랬듯이 제목은 '우리는 도서관을 짓지 않습니다'였습니다. 그동안 강조해 왔던 내용을 중심으로 직원들에 대한 고마움을 전하고, 앞으로의 책의 도시에 대해 당부를 하는 시간이었습니다.

"우리가 짓는 것은 도서관이라는 건물이 아닙니다. 우리가 짓는 것은 시민들의 삶입니다."

저의 마지막 발언이었습니다. 강연을 마치고 강의실 문 앞에서 직원들과 일일이 인사를 나눴습니다. 한 직원이 손을 잡고 울먹였습니다.

"저희를 변하게 해주셔서 정말 고맙습니다. 앞으로 저희가 잘 이어가겠습니다."

고루해 보이는,
그러나 가장 헌신적인 삶의 태도

제 주변에 농사를 짓는 분들이 몇 분 있습니다. 이례적인 더위로 힘들었던 지난 여름, 어렵게 감자 농사를 짓더니 로컬 푸드 매장에 출하를 했습니다. 농사 짓는 모습을 몇 차례 본지라 수고했다는 말을 건넸습니다.

"애썼어요. 정말 더웠을 텐데……."

"아니요. 애쓰긴요, 땅이 다 한 거지요."

농업에 어떤 숭고한 가치를 부여해도 현실로 돌아오면 더위와 모기떼가 기다립니다. 다음 날 밭에 나가보면 잡초가 적군처럼 기세등등하지요. 그뿐인가요. 밭농사가 고라니와 멧돼지와의 싸움이라는 걸 알게 됩니다. 정말로 화가 나지만 고라니와 멧돼지는 도망친 지 오래입니다.

분노의 시간이 지나고 어느 날 문득 생각이 듭니다. 고라니와 멧돼지가 인간에게 싸움을 걸어오는 것이 아니라는 걸 말입니다. 고라니가 고구마 순을 먹어 치우고 멧돼지가 밭을 헤치는 것은 자연의 섭리이지요. 잡초도 모기도, 저마다의 삶의 방식입니다. 농사란 농사를 망치려는 것들과의 전쟁이 아니라, 우리가 지혜롭게 지켜내야 하는 하나의 행위라고 받아들이는 것까지 '농사'의 개념에 포함됩니다. 이 업業에는 씨앗을 뿌리고 열매를 거두는 일뿐 아니라 씨앗에서 열매가 되기까지 그사이 수없이 많은 과정이 포함되어 있습니다. 내가 어찌할 수 없는 일이 있다는 걸 깨닫는 것도 포함되어 있고요. 농사라는 과정의 성실함 자체가 농사입니다. 그리고 그 성실함이 우리의 생명을 지켜내지요.

비전을 말할 때는 웅혼한 기운으로 가슴이 뛰지만 막상 일의 현장으로 돌아오면 온갖 소소한 일들이 도처에서 우리를 기다리곤 합니다.

사람들은 성실함의 미덕을 과소평가한다. 아마도

'성실'이라는 단어가 주는 재미없는 느낌 때문일 것이다.

(중략) 그러나 위대한 성취의 이면에 항상 자리하는 것이 바로

이 성실한 자세다. 동시에 위험 부담이 크고 중대한 소임을

맡은 사람들이 가장 등한시하는 문제이기도 하다. 성실성은

일과 인간의 행동에 대해 높은, 어쩌면 불가능해 보이는

기대치를 설정한다.

— 아툴 가완디, 『어떻게 일할 것인가』(웅진지식하우스)

숭고함은 '일과 인간의 행동에 있어서 어쩌면 불가능해 보이는 것들을 이룰 때' 나타나는 존재감입니다. 그래서 숭고함과 소소함은 어쩌면 위아래의 극단에 있어 서로 만날 수 없어 보이지요. 하지만 그렇지 않습니다. 숭고함과 소소함 그 광대한 사이를 채우는 것이 바로 성실함입니다. 숭고하다는 것을 잘 살펴보면 작은 헌신들로 채워져 있습니다. 그것이 성실이지요. 성실함이란 작은 것들을 소중하게 여겨 정성을 다하는 마음입니다. 특히 투박한 성실이 아니라 섬세한 성실로 날카로움을 더할 때면 성실함은 기대를 뛰어넘습니다.

저는 책의 중간에 '적당한 성공은 철저한 실패보다 위험하다'고 적었습니다. 그 적당한 성공을 뛰어넘는 것이 '섬세한 성

실'입니다. 직원들도 소소한 일들의 반복, 수십 번의 시행착오가 일의 과정이라는 걸 깨달았습니다. '일이라는 게 원래 그런 것'이라며, 분노하지 않았지요. 도서관을 지을 때, 한 번만 해서 만족한 적은 한 번도 없었습니다. 책과 공간, 표지판, 디자인, 도서관의 이름을 수십 번 고치고, 또 고치고, 수십 번의 시행착오를 거치며 조금씩, 조금씩 나아졌지요. 예를 들어 다가여행자도서관은 컨셉을 잡는 데만 1년이 걸렸습니다. 첫마중길여행자도서관도 그랬고요. 우리 직원들은 보통의 도서관을 만들 때보다 수십 배의 고민과 열정을 들여주었습니다. 그러는 과정에서 경험이 쌓이고, 섬세함도 더해졌습니다.

"오시는 분들이 급기야는 안내 표시판에서도 많은 감동을
하세요. 운영 시간 안내나 앞에 세워두는 입간판이라든지,
섹션 안내판 등에서요. 다른 도시에 가보면 그냥 운영
시간만 써두는데 우리는 토씨 하나까지 인문학적으로
완성도를 높이려고 엄청 노력하지요. 운영 시간의
경우 다가여행자도서관은 여행이니까 '입국시간', '출국
시간'이라고 써놓고 연화정도서관은 '책꽃 필 무렵', '책꽃
질 무렵', 학산숲속도서관은 '책 읽는 시간', '책 덮는 시간',
동문헌책도서관은 '보물책 찾아 삼만리'……. 오시는

분들이 말씀하세요. 어떻게 이런 디테일까지 높은 수준으로

챙기느냐고요."

성실함은 때로는 고루해 보일 수도 있지만, 가장 헌신적인 삶의 태도입니다. 섬세한 성실로 만들어진 소소함은 결코 크기에 압도당하지 않습니다. 아무리 작은 부분이라 해도 정성이 담기면 결코 허드레로 취급당하지 않지요. 오히려 그 소소하고 작은 부분이 전체를 이해하는 중요한 맥락이 됩니다. 도서관을 다니면서 소소하고 작은 부분에 감동할 때가 있습니다. 마치 기대하지 않았던 선물을 받은 느낌이 듭니다. 그 작은 곳에서 도시의 마음 전체를 봅니다.

변화의 맛

도서관의 한 간부의 이야기입니다.

"직원들이 이제 '변화의 맛'을 봤다고 해야 될까요. 그러다
보니까 이제 조금씩 전체적으로 변하고 있는 게 느껴져요.
도서관의 변화가 고정관념을 깨는 과정이었던 것 같아요.
시장님께서 지금의 '자작자작 책 공작소'를 만들라고
지시하셨는데, 조성 초기에는 저희가 받아들일 수가 없었던
거예요. 차마 말씀은 못 드렸는데 '왜 도서관에 굳이 작가를?
도서관에 작가 공간이 필요할까? 도서관은 시민들에게

책 읽으라고 내주는 공간인데……. 우리 사서들도 공간이 없는데 군이 작가에게 공간을 내주는 건 특혜 아닐까?' 그런 이야기가 되게 많이 나왔어요. 저도 잘 이해를 못했는데, 자자자작 책 공작소를 조성하면서 그때서야 공감을 하게 되었어요. 지금은 완산도서관이 이걸로 완전히 특화가 됐죠. 기억해 보면 이 공간에 '○○센터'를 유치하고 싶어서 현장 실사를 받은 적이 있는데, 심사위원 한 분이 그렇게 말씀하시는 거예요. '도서관은 책 읽는 시민들을 위한 공간인데 왜 작가들에게 주냐'고요. 근데 그게 우리의 고정관념이었던 거예요. 책 중심 생태계를 만들기 위해서는 작가와 책 쓰는 시민들을 함께 품어야 한다는 걸 깨달으면서 우리의 사고 영역도 점점 넓어졌어요."

'공무원들은 영혼이 없다'는 이야기를 가끔 듣습니다. 시민들 입장에서 보면 경직된 관료주의가 초래한 불편한 감정일 것입니다. 복잡한 규정과 형식적 절차에 의존해 기계적으로 일과 시민들을 대할 때 드는 느낌입니다. 실제로 저도 공무원들과 일하며 '영혼 없는' 느낌을 받을 때가 있지만, 그렇다고 모두가 그러지는 않습니다. 바로 그 '영혼이 없는 공직 사회'를 바꾸는 데 리더의 역할이 있습니다. 저도 부족한 부분이었는데, 리더가 변하지 않으면 직원들은 변하지 않습니다. 직원들을 변화시키고 싶다면 리더가 가장 먼저 변해야 합니다. 가장 먼저, 그리고 가장 많이 변해야 하지요.

> 인간은 자기 자신의 삶을 자각하였고, 자기 자신과 주변 세계에 대한 의식을 꾸준히 키웠으며, 삶을 목표를 가진 열린 길로 만드는 새로운 물질적, 영적 능력의 발전 가능성을 자기 안에 품은 유일한 피조물이다.
>
> — 에리히 프롬, 『나는 왜 무기력을 되풀이하는가』(나무생각)

이 대목은 제가 직원들을 대할 때 늘 마음에 두는 문장입니다. 프롬은 인간이 어떤 존재인지를 알려줌과 동시에 다른 사람을 어떻게 대해야 할지도 성찰하게 합니다. 우리 모두는 무한한 변화의 가능성을 품고 있는 존재입니다. 리더는 그 가능성 앞에 우리를 홀로 두지 않고 '함께 가자'고 손을 내미는 사람이고요.

공직 사회의 일은 법과 제도, 규정에 근거를 두지만 이 근거에 진심을 담아 일을 하는 것은 다른 문제입니다. 어떤 사회나 조직, 기업도 마찬가지입니다. 진정으로 '우리의 삶을 자각하고 나와 주변 세계에 대한 의식을 키우는 것'은 자존감으로부터 시작됩니다. 누군가 나에게 실패의 기회를 줄 때, 더 큰 안목으로 이끌어줄 때, 변화의 맛을 볼 수 있도록 기다려줄 때 작은 성공의 경험이 찾아옵니다. 그 경험에서 얻은 성장의 변화는 자존감으로 체화되고, 자존감으로부터 자신에 대한 자각과 주변 세계에의 의식이 시작되지요. 그러나 일에 대한 부담과 열패감이 쌓이면 삶과 세상의 배후로 숨어들고 맙니다.

삶의 깊이가 중요하다고 믿는다면

도서관 직원들과의 대화 속에서 자신의 성과보다 동료를 칭찬하는 따뜻한 여유가 느껴졌습니다.

> "일단 제일 실감하는 것은, 다른 지자체나 기관에서 (도서관의
> 변화에 관해 물어보려고) 전화가 많이 온다는 거예요. 그런데
> 전화로는 설명하는데 한계가 있으니까 오셔서 보시라고
> 하거든요. 그럼 오셔서 꼭 담당자를 만나고 싶어 하세요.
> 그럴 때마다 저희는 이미 만나기 힘든 직원이 된 거예요.
> 항상 출장 나가 있고, 책 큐레이션을 업그레이드하기
> 위해서 현장에 가서 고민하고, 사람들을 만나고, 심지어

요즘엔 책도 온라인으로 주문하지 않고 직접 가서 내용을

확인해요. 그렇게 하나하나 골라서 정성스럽게 서가에

꽂는 것이거든요. 다른 기관에서 오셔서 특히 '책'에 대해서

물어보고 싶은데, 담당자분 언제 오시냐며 연락처를

남겨요. 저희 직원이 돌아오면 꼭 전화 주시라고요. 그럴

땐 우리 사서들이 정말 이제 전문가가 됐구나, 하는 생각에

뿌듯해요. 굉장히 자존감이 높아지는 거죠. 그만큼 본인들이

노력을 하고 고민도 하고, 또 다른 기관에 특강을 나가기도

하고, 그런 걸 보면서 '그만큼 노력한 결과구나' 많은

자부심을 느끼고 있어요."

　도서관의 실무자가 다른 기관에 가서 강연을 했다는 소식을 들었습니다. 고맙기도, 뿌듯하기도 했습니다. 우리 직원이 또 다른 기관에 변화의 씨앗이 된 것입니다. 작은 성공은 '내가 왜 공무원이 됐지?'를 고민하는 직원들에게도 치유의 경험을 줍니다. 공직 사회는 자신이 한 일이 시민들의 좋은 삶과 연결될 때 사회적 사랑을 받고 자존감을 회복하지요. 그리고 공무원들이 '변화의 맛'을 볼 때 시민들은 '삶의 맛'을 봅니다.

　직원들의 자존감은 '도서관의 지분'이라는 농담으로 회자됩니다. 최근에 만나서도 주로 웃고 떠드는 주제 중 하나가 지분

입니다. 전주 도서관에는 각자의 지분이 있습니다. 이 가구는 가장 신입인 직원분, 저 조명은 과장님, 이 코너 큐레이션은 팀장님, 이 정책은 시장님, 저 아이디어는 본부장님……. 도서관에 많은 직원의 수고와 흔적들이 남아 있습니다. 자신들이 의견을 내서 관철되었거나 실행한 부분들, 또 토론 끝에 결정된 사항들입니다. '도서관의 지분'은 직원들에게 각자의 역할이 있고, 그만큼 신뢰와 우정을 갖고 일을 해냈다는 고마운 농담입니다.

내가 잘할 수 있는 일과 시민들의 필요가 교차하는 곳에서 공무원은 일과 삶의 일치를 느낄 수 있습니다. 내 삶에 대한 자각과 주변 세계에 대한 의식이 교차하는 지점에 우리의 소명이 있지요. 우리는 그 소명을 삶의 목표로 삼을 수 있는 유일한 피조물입니다. 그곳에 영혼이 깃듭니다. 우리에게 삶의 길이도 중요하지만, 삶의 깊이도 중요하다고 믿는다면 말입니다.

우리가 재미있게 일할 때
시민의 삶도 재미있어진다

"여기서 일하시는 분들은 다들 눈빛이 한 방향을 보고 있는 것 같아요. 분위기가 공무원스럽지 않아요."

전주의 도서관에 벤치마킹을 오시거나 도서관 여행을 오시는 분들은 가끔 이런 말을 하며 웃습니다. 도시를 만드는 일은 혼자 하기는 어렵습니다. 한 조직 내에서 일과 사람, 감정은 서로 연결되어 있고 영향을 주고받습니다. 이 연결이 신뢰와 우정으로 질적 전환이 되면 일에도 다른 양상이 펼쳐지지요. 신뢰는 진지하게 기대하는 마음이고, 우정은 즐겁게 채워주는 마음입니다. 기대와 즐거움이 있으면 일은 하나의 놀이가 됩니다. 이런 놀이는 아무리 많이 놀아도 좀처럼 질리지도, 공허하지도 않습니다.

다가여행자도서관에 가면 '책 풍덩'이라는 공간이 있습니다. 도서관 문을 열고 나가면 나타나는 한 곳은 '책 정원', 다른 한 곳은 '책 풍덩'입니다. '책 풍덩'이란 장소 이름은 직원들이 지었는데요. 일을 놀이로, 놀이를 일로 즐길 줄 아는 직원들 덕분에 이런 기발한 이름이 탄생했습니다.

"'책 풍덩'은 진짜 뭐랄까, 우연한 실수가 만들어낸 정말 멋지고 창의적인 공간이죠. 저희가 준공 즈음 뒷정리를 할 때 그 공간에 갔어요. 문을 딱 열었는데 갑자기 목욕탕 색 타일이 보이는 거예요. 듣기로는 연한 하늘색 타일을 붙인다고 했는데 막상 문을 열어보니 웬 목욕탕 타일이 있더라고요. 바닥에는 그냥 공사용 자갈이 깔려 있고요. 공간마다 이름을 정해서 붙여야 하는데 너무 황당했어요."

그때부터 직원들의 재미있는 놀이가 시작되었다고 합니다. 목욕탕 타일이 있으니 '책 목욕탕'으로 할까, 이야기를 하다가 '책 수영장'이란 아이디어가 나온 겁니다. 바닥의 자갈을 걷어내 그 대신 수영장 타일을 깔고, 수영장에 들어갈 때 놓는 스테인리스 계단도 설치하자는 의견이 나왔지요. 끝까지 고민했던 게 이름이라고 했습니다. 원래는 '책 풀$_{pool}$'이라는 아이디어

- 일을 놀이로, 놀이를 일로 즐기는 직원들이 만들어낸 '책 풍덩'의 모습니다. 이런 방식의 일들은 도시에게도 또한 즐거움을 주지요.

가 나왔는데, 제가 영어를 쓰지 말라고 했으니 또 다시 궁리가 시작된 것입니다.

"그때부터 엉뚱한 소리가 시작된 거예요. '그럼 책 헤엄?', '책 헤엄? 그래 진짜 괜찮다!' 그러더니 직원들이 또 자기들끼리 막 이야기를 해요. '책 풍덩? 책 풍덩 어떠세요?', '아, 완전 좋다! 결정!' 그렇게 책의 바다에서 헤엄친다는 의미를 담아서 이 공간의 이름이 '책 풍덩'이 된 거예요. 해프닝이 발상의 전환을 만들어낸 정말 재미있는 공간이지요. 직원들의 웃기는 브레인스토밍을 통해서 만들어낸……."

신뢰와 우정은 한계를 넘어서게 한다

일을 하면서 보게 되는 공동체의 신뢰와 우정은 놀라운 경험 중 하나입니다. 서로 다른 사람들, 다른 생각들, 다른 위치들…… 온갖 다른 것들이 한 방향으로 모인다는 게 신기할 따름입니다. 사회적 신뢰와 우정은 공동체가 달성해야 할 목표를 더 높여줍니다. 결과에 대한 두려움을 없애고, 평소 가지고 있던 에너지를 각성시키지요. 퇴임 후 어느 날은 사서 직원 한 분이 이런 이야기를 했습니다.

"시장님, 그때 생각나세요? 진짜 그때는 '맨 땅에 헤딩'이나 다름없었어요."

"헉, 맨 땅에 헤딩이요? 사서 선생님께서 어찌 이런 용어를⋯⋯."

"어쨌든 그랬어요, 그때는. 시장님께서 도서관 팀장 전체 회의를 소집한 적 있잖아요. 본부장님, 과장님 빼고 팀장들에게 각자 업무 보고를 하라는데, 시장님 앞에서 처음 발표하는 거라 정말 떨리더라고요. 시장님은 모르셨죠? 저희가 적어놓고 읽은 거요. 근데 그때 성장하게 되더라고요. 또 도서관 하나하나 시장님이랑 다들 서로 의견 이야기하면서 고쳐가고, 고쳐가고⋯⋯. 힘들긴 했지만 정말 의미 있고 재미있게 일했던 것 같습니다."

결과에 두려움이 없다는 것은 과정의 두려움이 없다는 의미입니다. 과정의 두려움이란 '일에 대한 두려움'이라기보다는 나 자신의 부족함에 대한 경계이지요. 누구나 남들에겐 보이고 싶지 않은 부족함을 안고 살아갑니다. 저 역시 그렇습니다만, 그럴 때마다 솔직하게 털어놓으려 애씁니다. '나, 이런 사람이야. 사실 이거밖에 안 돼. 그러니 좀 도와줘.' 솔직함은 나 자신과 주변 사람들의 마음을 움직입니다. 각자의 부족함을 부끄럽지 않게 표현할 수 있는 분위기가 만들어질 때, 그 공동체는 훨씬 개방적이고 창의적인 사고에 접근할 수 있습니다.

연화정도서관을 만들 때 참여했던 직원 한 분이 말합니다.

"저는 대목장님께 정말 고마웠던 게, 연화정도서관 건축하면서 우리 시청하고 여러 가지 의견이 다를 수 있거든요. 그럴 경우 대부분 업체에서는 시청 의견을 따라주는데, 이분은 그러지 않는 거예요. 계속해서 어떻게든 좀 더 나은 방법을 찾아서 저희들에게 제안을 해주셨지요. 저희도 같이 고민을 하긴 했지만, 특히 이렇게 현장에서 실질적인 조언을 계속 해주시니까 모르고 넘어갈 수 있는 것까지 치열하게 토론하게 되더라고요. 그렇게 대화하니 그걸로 문제가 풀리고요. 참 재미있게 일했던 것 같습니다. 흔치 않거든요. 현장에서 이런 방식으로 일하는 게."

재임 중 도서관을 시민들의 삶과 가깝게 조성하되 다양한 장소성을 확보하는 것이 큰 원칙 중 하나였습니다. 무얼 조성하든 '건축하기 쉬운 곳'을 찾는 게 아니라, '전주다움'의 한 갈래로 역시 '그 동네다움'을 고양할 수 있는 장소를 찾고자 했지요. 그중 하나가 만경강 생태환경도서관입니다. 완주군 삼례에서 전주로 연결되는, 국가등록문화재인 옛 만경강 철교 위에 도서관을 짓는 사업이었습니다. 아픈 역사로 시작된 만경강 철교는 100여 년 전 약 480미터의 길이로 이곳에 건설되었습니다. 만경강은 강 생물의 다양성과 생태적 아름다움, 사계절의 경치와 노을, 바람, 하늘까지 품고 있는 도시의 거대한 쉼터입니다. 이 철교 위에 생태 환경을 주제로 한 아주 긴 도서관을 제안했는데, 재미있는 건 직원들에게 전혀 두려움이 없었다는 것입니다. '아니, 무슨 폐철교 위에, 그것도 강 위에…….' 이런 표정도 보이지 않았습니다.

사실 이 철교는 완주군 소유이고, 또 국가등록문화재여서 도서관을 지으려면 여러 복잡한 행정 절차를 거쳐야 했습니다. 더구나 철교 위에 건축하는 것이라서 안전성 문제 등 고려해야 할 사항도 너무 많았지요. 제안하는 저조차도 조심스러웠습니다. 그런데 직원들이 밝은 표정으로 진행사항을 말합니다. 언젠가부터 벌어진 일입니다. 경험과 신뢰, 우정이 쌓여가며 만들어낸 확연한 공직 사회의 변화입니다. 퇴임 후 이 도서관이 몇 가지 사정으로 중단되었다는 소식을 들었습니다만, 깊게 남은 관점과 안목은 사라지지 않습니다.

일의 한계란 역시 우리 스스로가 만들어낸 한계였습니다. 공직 사회가 재미있게 일할 때 시민들의 삶도 재미있어집니다. 함께 일하는 사람들이 진지하게 기대하는 마음과 즐겁게 채워주는 마음을 동시에 나누는 것, 그것이 재미있게 일하는 방법입니다.

다정한 위로를 건네는
친구 같은 도시를 꿈꾸며

도시는 많은 가시적인 사실들로 가득 차 있지만 그것이 진실인지는 오로지 시민들의 삶과의 관계 속에서만 파악될 수 있습니다. 자연은 그 자체로 사실이자 진실이지만 인공적인 도시의 진실은 시민들의 삶 속에서 드러납니다. 시청 청사가 있고, 광장이 있고, 미술관이 있고, 박물관이 있고, 놀이터가 있고. '있다'는 것만 사실일 뿐 그 자체가 진실이 되지는 않습니다. 도시의 사실들은 그 장소에 시민의 삶이 의미 있고 행복하게 담길 때 비로소 진실이 됩니다.

시민이 광장을 모시고 살 수는 없다

전주시청 광장은 누구나 알고 있는 '사실'이었지만, '진실'을 담아낸 지는 그리 오래되지 않았습니다. 현재 아이들의 놀이터이자 시민들의 축제의 장소로 바뀐 전주시청 광장은 원래는 잔디 정원으로, '노송광장'이란 이름으로 불렸습니다. 거대하고 오래된 소나무들이 광장 둘레를 감싸고 있고, 그 안에는 푸른 잔디가 촘촘히 채워져 있었지요. 2014년 여름 즈음이었습니다. 어느 날 오후 아이들이 잔디밭에서 축구를 하며 정신없이 공을 주고받습니다. 하지만 즐거움도 잠시, 아마도 공무원으로 보이는 아저씨에게 혼을 나고 맙니다. 잔디를 보호해야 하니까요. 축 처진 아이들의 뒷모습이 안쓰러웠습니다.

노송광장은 공무원도, 시민들도 잔디를 모시고 사는 광장이었습니다. 그 누구도 잔디를 밟을 수 없었지요. 오래전 '광장'이라는 이름이 붙여지긴 했지만 잔디 보호를 위해 정작 시민들은 들어갈 수도 없었습니다. 광장이라고 부르기가 무색했지요. 누구든 잔디를 밟지 못하도록 중앙에 판석으로 된 십자형 보행로가 조성되어 있었고, 그래도 불안했는지 보행로를 따라 목책을 박고 밧줄까지 연결해 놓은 모습이었습니다. 밧줄을 넘어 잔디광장으로 들어갈 수 없게 해놓은 것입니다. 관공서의 경계는 밧줄 하나만 걸쳐둬도 시민들에게는 거대한 벽처럼 느껴집니다. 그 얇은 밧줄이 하나의 문 역할을 합니다. 열어주지 않으면 들어갈 수 없습니다.

> 광장의 주인은 사람이다. 사람들을 위해서 광장이 존재하는
> 것이지 광장을 위해서 사람들이 존재하는 것은 아니기
> 때문이다. 이는 매우 평범한 사실이지만 한때는, 지금도
> 지구촌의 어딘가에서는, 광장이 사람 위에 군림했던
> 경우가 있었다. 모든 집이 그 안에 거주하는 가족의 모습을
> 반영하듯이 모든 광장은 그 광장의 주인인 지역 주민들의 또
> 다른 모습이다.
>
> — 프랑코 만쿠조 외, 『광장』(생각의나무)

유럽에서 최초로 시도된 광장 보고서이자 최대 규모의 학자들이 참여해 이루어진 공공 출판 프로젝트인 『광장』 속 한 구절입니다. 이것이 광장을 바라보는 저의 관점입니다. 광장은 시민을 위해 존재합니다. 광장이 광장을 위해 존재할 수 없고, 시민이 광장을 위해 존재할 수 없습니다. 시민이 잔디를 모시고 살 수는 없습니다. 정원이 아니라 광장이기 때문이지요. 축구를 하다가 밀려난 아이들의 뒷모습이 말합니다.

'여기, 광장 아닌가요?'

그 일이 있은 후 곧바로 목책을 뽑고 밧줄을 제거했습니다. 이어 노송광장 완전 개방을 결정하고 시민들에게 홍보를 시작했습니다. 그러나 광장을 개방하기만 하면 곧 시민들의 광장이 될 거라는 우리의 바람과 시민들의 인식은 달랐습니다. 수개월이 넘도록 시민들은 광장 안으로 들어오지 않았습니다. 시민들이 느꼈던 공공청사의 인상이 쉽게 지워지지 않았던 것이지요. 관공서가 가지고 있는 특유의 힘을 빼야만 했습니다. 광장은 야외결혼식 장소로, 여름 캠핑장으로, 생활장터로, 영화 상영장으로 빠르게 변해갔습니다. 광장 둘레에 의자와 테이블, 그늘막이 설치되었고, 아이들을 위한 모험 놀이터가 속속 들어섰습니다. 우리의 마음을 시민들에게 전달하고 표정과 인상을 바꿔나갔습니다. 다행히 점차 시민들의 반응이 달라지고 발걸음이 많아졌습니다. 그러던 어느 날부터 관공서의 경계가 무너지고 벽이 허물어졌습니다. 시민들이 몰려들기 시작했습니다.

어느 가을 토요일 오후, 시청 바로 입구에 놓인 야외 테이블에서 몇 가족이 도시락과 캔맥주를 즐기고 있습니다. 광장에서 시청으로 들어가는 입구에는 건축 당시 반원형의 대리석 현관이 조성돼 있었습니다. 소위 기관장 차량인 1호차를 세워두거나 내빈들 차량을 주차하는, 가장 권위주의적인 공간입니다. 이 공간에 대형 화분과 야외 테이블이 설치되고, 바닥에는 달팽이 놀이가 그려졌습니다. 시민들을 위한 소풍 장소가 된 것입니다. 사무실로 향하는 저와 테이블에서 가을을 만끽하는 가족들의 눈이 마주쳤습니다. "시장님, 김밥 좀 드실래요?"

어느 겨울엔 중학생처럼 보이는 아이들 대여섯 명이 대리석 현관에서 아예 누워서 놀고 있습니다. 깔깔거리며 그 추운 겨울 대리석 바닥에 몸을 부비며 거북이 흉내를 냅니다. 자지러지는 웃음과 익살스러운 행동에 저도 모르게 활짝 웃고 맙니다. 비로소 광장이 주인을 찾았습니다. 어느 때는 한가하고 평화로운 광장이 어느 때는 수천 명의 시민들로 채워집니다. 시민이 광장의 주인이 되었습니다. 광장에서 휴식하고, 놀고, 즐기는 것이 시민들의 삶이 되었습니다. 시민들의 삶을 지키는 도시는 멀리 있지 않습니다. 좋은 광장은 시민들의 좋은 삶을 담습니다. 도시의 진실이 바로 여기에 있습니다. 이 진실을 만들어내는 것이 도시의 마음입니다.

고흐에게 동생 테오가 없었다면

고흐의 이야기를 빌려보겠습니다. 1878년 12월, 본격적으로 화가 활동을 하기 전이었던 고흐는 벨기에 남부의 탄광 지역인 보리나주에 도착합니다. 비참한 현장의 광부들에게 전도사로서 복음을 전하러 간 것입니다. 다음 해 1월 전도사로 임명된 고흐는 광부들의 열악한 삶의 한복판으로 뛰어듭니다. 고흐는 급진적인 신앙심으로 사명을 이루고자 했습니다. 선교는 물론 광부들에게 자신의 소유물을 나눠주며 빈자의 고행길을 걸었지요. 이러한 고흐의 태도는 전통적인 종교인들과 심한 마찰을 빚게 되었고, 결국 교회로부터 해고를 당하고 말았습니다.

상실과 고립 속에서 자신의 존재 이유와 삶의 의미를 점차 잃어가던 암담한 시기, 동생 테오가 고흐를 찾아옵니다. 절망과 우울에 휩싸인 그에게 동생의 위로와 관심은 새로운 삶의 의욕을 불러왔지요. 이때부터 고흐는 본격적인 화가의 길을 걷게 됩니다. 테오를 통해 밖으로 나갈 수 있게 되었지요. 테오의 위로는 살아가야 할 이유를 잃은 고흐에게 존재의 의미를 되찾게 하는 결정적인 계기가 된 것입니다. 고흐는 테오에게 고마움의 편지를 씁니다.

"근래 내 생활이 더 보잘것없어지면서 삶 자체가 별로
중요하지 않다는 비관적인 생각에 젖어들기도 했다. 그러나
너와 함께 보낸 시간 덕분에 그런 생각을 떨쳐버리고 유쾌한
기분을 되찾을 수 있었다. 우리가 살아가야 할 이유를 알게
되고, 자신이 무의미하고 소모적인 존재가 아니라 무언가
도움이 될 수도 있는 존재임을 깨닫게 되는 것은, 다른
사람들과 더불어 살아가면서 사랑을 느낄 때인 것 같다."

- 빈센트 빌럼 반 고흐, 『반 고흐, 영혼의 편지』(위즈덤하우스)

고흐에게 동생 테오가 없었다면, 고흐의 삶은 어떻게 되었을
까요. 독자 여러분은 위로받을 친구가 있으신가요? 저도 때로
는 친구에게 위로받고 싶을 때가 있습니다. 하지만 불쑥 연락
하기가 미안해 참고 맙니다. 아마도 제 친구도 같은 마음일 것
같습니다.

도시는 친구보다 더 가까운 물리적 거리에 있습니다. 그렇
다면 도시는 시민들에게 친구가 될 수는 없는 걸까요? 도시가
시민들에게 기쁨과 위로가 될 수는 없을까요. 도시 현장에서
저는 늘 이 질문들과 함께였습니다. 저는 우리가 늘 좋은 선택
을 고민한다면, 우리 도시도 시민들에게 충분히 친구가 될 수
있다는 희망을 보았습니다. 콘크리트 도시 속에도 희미하지만

분명하게 새어나오는 빛이 있었습니다.

도시가 시민들에게 테오 같은 존재가 되기 위해서는 도시의 본질에 접근해야 합니다. 도시는 시민들의 '삶의 도구'입니다. 시민들이 도시를 통해서 개인적이고 사회적인 가치를 깨닫고, 더불어 사는 삶에서 사랑을 느낄 때 도시 또한 그 존재의 의미를 이룰 수 있습니다. 도시로 사람들이 몰려드는 것은 도시라는 물체를 원해서가 아닙니다. 도시를 통해 살아갈 기본적 조건을 확보하고, 삶의 가치와 행복을 추구하기 위해서지요.

고흐는 동생 테오를 통해 삶의 의미를 찾고 새로운 길로 접어들었습니다. 그 근본에 테오의 '마음'이 있었습니다. 마음은 행위와 행동을 구체화하는 태도와 자세를 만들어내지요. 시민을 향한 도시의 태도와 자세의 바탕에도 '마음'이 있습니다. 도시의 마음은 도시의 모양을 만들어냅니다. 마음 없이 시민을 기능적으로만 대하는 도시는 하나의 기계에 불과합니다.

그러나 대부분의 도시는 도시의 마음에 관심을 두지 않습니다. 눈에 보이지 않고 드러나지 않는 것, 표현할 수 없는 것은 일의 주요 변수가 아니라고 생각하기 때문입니다. 마음은 객관적인 측정이나 척도로 규정할 수 없기에 일의 도구로 쓰일 수 없다고 예단하고 맙니다. 전혀 실용적이지 않은 관념으로 취급하고, 물리적인 도시의 부스러기로 생각하지요.

하지만 도시의 마음은 어쩌면 물리적 도시보다도 더 구체적입니다. 도시가 마음의 눈을 뜨면 도시의 많은 것들이 보일 뿐 아니라 느껴지기도 합니다. 도시가 마음을 놓치면 시민들의 삶도 놓치게 됩니다.

지난 약 25년 동안 도시 현장에서 많은 정책이 새롭게 태어나고, 또 사라지는 걸 보았습니다. 돌아보면 부침은 있어도 10년, 20년이 넘는 동안에도 잘 이어지는 정책들이 있습니다. 그렇게 긴 시간 동안 역사를 잇고, 만들어가는 정책들에는 늘 깨어 있는 관점과 안목이 있었습니다. 그리고 그 바탕에는 늘 따뜻한 '마음'이 자리하고 있었습니다.

지금까지 전주시가 책의 도시를 만들어가며 지켜왔고 느꼈던 도시의 관점과 안목에 관해 적었습니다. 결국 이 책은 독자들에게 도시를 바라보는 새로운 시선을 제안하고 있습니다. 우리에게 새로운 시선이 필요한 것은, 단순히 호기심을 충족시키기 위함이 아닙니다. 새롭게 선택하기 위해서지요. 선택한다는 건 그저 바라보기만 하는 게 아니라 행동한다는 뜻이며, 요구한다는 뜻이고요. 우리가 도시에게 새로운 행동을 하고 새로운 변화를 요구할 수 있을 때 새로운 도시가, 새로운 삶이 찾아옵니다. 도시가 바뀌고 우리의 삶도 바뀝니다.

도시는 시민들을 향한 마음이 형상화된 것입니다. 도시가 시민들의 마음에 와닿지 않는다면 도시는 왜 존재하는 것일까요. 우리의 도시에도 시민들의 삶에 다가갈 마음이 필요합니다. 테오가 고흐의 삶에 가닿았던 것처럼 말입니다.

참고문헌

프롤로그 **우리가 도시에 '왜?'를 물을 때**

한병철, 최지수 옮김, 『서사의 위기』, 다산북스, 2023, 14~15쪽.

파커 J.파머, 김찬호 옮김, 『비통한 자를 위한 정치학』, 글항아리,
2018, 190~191쪽.

김영민, 『자본과 영혼』, 글항아리, 2020, 5쪽.

PART 1 **도시의 의미**

수 스튜어트 스미스, 고정아 옮김, 『정원의 쓸모』, 윌북, 2022, 16~
17쪽.

데이비드 하비, 한상연 옮김, 『반란의 도시』, 에이도스, 2014,
26쪽.

김용택, 『나는 당신이 어떤 사람인지 알면, 좋겠어요』, 난다,
2019, 14쪽.

김현경, 『사람, 장소, 환대』, 문학과지성사, 2022, 31쪽.

세라 이벤스, 공보경 옮김, 『당신의 하루가 숲이라면』, 한국경제
신문사, 2019, 12쪽.

마르코스 비스케스, 김유경 옮김, 『스토아적 삶의 권유』, 레드스
톤, 2021, 29쪽.

장 자크 루소, 김모세 옮김, 『고독한 산책자의 몽상』, 부북스, 2010, 41쪽.

프리드리히 니체, 박찬국 옮김, 『도덕의 계보』, 아카넷, 2022, 300~301쪽.

찰스 랜드리, 최지영 옮김, 『크리에이티브 시티 메이킹』, 역사넷, 2009, 542쪽.

PART 2   **도시의 역할**

박노해, 『다른 길』, 느린걸음,2015, 289쪽.

프란츠 카프카, 서용좌 옮김, 『행복한 불행한 이에게』, 솔, 2017, 57쪽.

베르나르 베르베르, 전미연 옮김, 『고양이 2』, 열린책들, 2023, 176쪽.

스티븐 코비 외, 김경섭 옮김, 『소중한 것을 먼저하라』, 김영사, 2007, 54쪽.

마르크 오제, 이상길·이윤영 옮김, 『비장소』, 아카넷, 2021, 97쪽.

박문호, 『뇌 과학 공부』, 김영사, 2023, 331쪽.

E. F. 슈마허, 이상호 옮김, 『작은 것이 아름답다』, 문예출판사, 2019, 187~188쪽

PART 3   **도시의 마음**

페터 춤토르, 장택수 옮김, 『건축을 생각하다』, 나무생각, 2020, 77~78쪽.

페터 하프너, 김상준 옮김, 『익숙한 것을 낯설게 바라보기』, 마르코폴로, 2022, 34쪽.

롤랑 바르트, 이화여자대학교 기호학연구소 옮김, 『현대의 신화』,

동문선, 2002, 78쪽.

로버트 루트번스타인·미셸 루트번스타인, 박종성 옮김, 『생각의 탄생』, 에코의서재, 2013), 323쪽.

잔 카를로 데 카를로, 윤병언 옮김, 『참여의 건축』, 이유출판, 2021, 68~69쪽.

막스 피카르트, 최승자 옮김, 『침묵의 세계』, 까치, 2021, 17쪽.

지그문트 바우만, 오윤성 옮김, 『고독을 잃어버린 시간』, 동녘, 2019, 21쪽.

모센 모스타파비·데이빗 레더배로우, 이민 옮김, 『풍화에 대하여』, 이유, 2021, 8쪽.

유진휘, 「동네책방·시민 상생…전주시 '책쿵20' 지속 가능하려면」, KBS, 2025년 1월 6일.

한나 아렌트, 이진우 옮김, 『인간의 조건』, 한길사, 2019, 353~354쪽.

PART 4   도시의 확장

수전 손택, 이재원 옮김, 『타인의 고통』, 이후, 2011, 205쪽.

켈리 하딩, 이현주 옮김, 『다정함의 과학』, 더퀘스트, 2022, 151~175쪽.

레이 올든버그, 김보영 옮김, 『제3의 장소』, 풀빛, 2021, 426쪽.

미셸 옹프레, 강현주 옮김, 『철학자의 여행법』, 세상의모든길들, 2013, 107쪽.

카를로 로벨리, 김정훈 옮김, 『나 없이는 존재하지 않는 세상』, 쌤앤파커스, 2023, 100~111쪽.

PART 5   도시의 미래

이동희, 「전주한지의 역사성에 관한 기초적 고찰」, 《전북사학》 제
45호, 2014, 299~322쪽.

이태영, 『완판본 인쇄·출판의 문화사적 연구』, 역락, 2021,
140쪽.

이민희, 『16~19세기 서적중개상과 소설 서적 유통 관계 연구』, 역
락, 2007, 37쪽, 53쪽.

이윤석, 『조선시대 상업출판』, 민속원, 2016, 38~39쪽.

국립전주박물관·국립한글박물관 공동주체 특별전 〈서울 구경 가
자스라, 임을 따라 갈까부다 - 조선의 베스트셀러 '한양가와 춘향
전'〉 전시도록, 9쪽.

토드 로즈, 정미나 옮김, 『평균의 종말』, 21세기북스, 2022, 37쪽.

아툴 가완디, 곽미경 옮김, 『어떻게 일할 것인가』, 웅진지식하우
스, 2022, 44쪽.

에리히 프롬, 장혜경 옮김, 『나는 왜 무기력을 되풀이하는가』, 나
무생각, 2020, 49쪽.

에필로그   다정한 위로를 건네는 친구 같은 도시를 꿈꾸며

프랑코 만쿠조 외, 장택수 외 옮김, 『광장』, 생각의나무, 2009, 115쪽.

빈센트 반 고흐, 신성림 옮김, 『반 고흐, 영혼의 편지』, 위즈덤하우
스, 2021, 14쪽.

도시의 마음

초판 1쇄 발행 2025년 5월 12일
초판 2쇄 발행 2025년 5월 23일

지은이 김승수
펴낸이 김선식

부사장 김은영
콘텐츠사업본부장 임보윤
책임편집 문주연 **디자인** 윤유정 **책임마케터** 지석배
콘텐츠사업1팀장 한다혜 **콘텐츠사업1팀** 윤유정, 문주연, 조은서
마케팅2팀 이고은, 양지환, 지석배
미디어홍보본부장 정명찬
브랜드홍보팀 오수미, 김은지, 이소영, 서가을, 박장미, 박주현
채널홍보팀 김민정, 고나연, 홍수경, 변승주, 정세림
영상홍보팀 이수인, 염아라, 석찬미, 김혜원, 이지연
편집관리팀 조세현, 김호주, 백설희 **저작권팀** 성민경, 이슬, 윤제희
재무관리팀 하미선, 임혜정, 이슬기, 김주영, 오지수
인사총무팀 강미숙, 이정환, 김혜진, 황종원
제작관리팀 이소현, 김소영, 김진경, 이지우
물류관리팀 김형기, 주정훈, 김선진, 양문현, 이민운, 채원석, 박재연

펴낸곳 다산북스 **출판등록** 2005년 12월 23일 제313-2005-00277호
주소 경기도 파주시 회동길 490
전화 02-702-1724 **팩스** 02-703-2219 **이메일** dasanbooks@dasanbooks.com
홈페이지 www.dasan.group **블로그** blog.naver.com/dasan_books
종이 스마일몬스터 **인쇄** 정민문화사 **코팅 및 후가공** 제이오엘앤피 **제본** 정민문화사

ISBN 979-11-306-6633-4 (03300)